# Aufbau mentaler Stärke beim Krafttraining durch Meditation

## Entfalte dein Potenzial durch die Kontrolle deiner inneren Gedanken

von

Joseph Correa

Zertifizierter Meditationslehrer

# COPYRIGHT

© 2016 Finibi Inc

Alle Rechte vorbehalten.

Die Vervielfältigung und Übersetzung von Teilen dieses Werkes, mit Ausnahme zum in Paragraph 107 oder 108 des United States Copyright Gesetzes von 1976 dargelegten Zwecke, ist ohne die Erlaubnis des Copyright-Inhabers gesetzeswidrig.

Diese Veröffentlichung dient dazu fehlerfreie und zuverlässige Informationen zu dem auf dem Cover abgedruckten Thema zu liefern. Es wird mit der Einstellung verkauft, dass weder der Autor noch der Herausgeber befähigt sind, medizinische Ratschläge zu erteilen. Wenn medizinischer Rat oder Beistand notwendig sind, konsultieren Sie einen Arzt. Dieses Buch ist als Ratgeber konzipiert und sollte in keinster Weise zum Nachteil Ihrer Gesundheit gereichen. Konsultieren Sie einen Arzt, bevor Sie mit diesen Meditationsübungen beginnen, um zu gewährleisten, dass sie das Richtige für Sie sind.

## DANKSAGUNG

Für meine Freunde und Familie, die mich immer dazu angetrieben haben meine Träume zu erreichen.

## INHALTSVERZEICHNIS

Copyright

Danksagung

Über den Autor

Einleitung

Was ist Meditation?

KAPITEL 1: WIE PROFITIERST DU VON MEDITATION?

KAPITEL 2: WIE PROFITIEREN ATHLETEN VON MEDITATION?

KAPITEL 3: DIE BESTEN MEDITATIONSÜBUNGEN FÜR KRAFTSPORTLER

KAPITEL 4: WIE BEREITET MAN SICH AUF DIE MEDITATION VOR?

KAPITEL 5: ÜBUNGEN ZUM ERWERB VON ATEMRHYTHMEN, DIE ALLE ATHLETEN FÜR DIE MEDITATION LERNEN SOLLTEN

KAPITEL 6: ERNÄHRUNG UND MEDITATION FÜR KRAFTSPORTLER

KAPITEL 7: DIE STÄRKE VON VISUALISIERUNGEN FÜR KRAFTSPORTLER

KAPITEL 8: MEDITATION FÜR MAXIMALLEISTUNGEN IM KRAFTSPORT

KAPITEL 9: MEDITATION ZUR EMOTIONALEN STÄRKE

KAPITEL 10: MEDITATION ZUR MENTALEN HÄRTE

KAPITEL 11: MEDITATION ZUR PROBLEMLÖSUNG

ABSCHLIEßENDE BEMERKUNGEN

ANDERE WERKE DES AUTORS

# Aufbau mentaler Stärke beim Krafttraining durch Meditation

## Entfalte dein Potenzial durch die Kontrolle deiner inneren Gedanken

von

Joseph Correa

Zertifizierter Meditationslehrer

# ÜBER DEN AUTOR

Als zertifizierter Meditationslehrer glaube ich fest an die Macht unserer Gedanken.

Aufgrund meiner Erfahrungen als professioneller Sportler verstehe ich, was sich alles in den eigenen Gedanken abspielt und wie ein schwaches Nervenkostüm und Druck die eigene Leistung beeinflussen.

Die **drei größten Chancen in meinen Leben** bestanden darin vom reinen Gewichtstraining zu einem ernährungsbasierten, flexibleren und **gedankenzentrierten** Training zu wechseln. Dies hatte einen signifikanten Einfluss auf meine Darbietungen und mein Leben.

Meditation und Visualisierungen haben mir geholfen, meine Gefühle zu kontrollieren und Wettbewerbssituationen durchzuspielen, bevor sie sich auch nur ereigneten.

Yoga und Dehnübungen reduzierten meine Verletzungen nahezu auf null und verbesserten meine Reaktionen und Geschwindigkeit.

Meine verbesserte Ernährung erlaubte es mir Höchstleistungen unter schwierigen klimatischen Bedingungen zu erzielen, statt wie zuvor Krämpfe und Muskelzerrungen zu erleiden.

Meditation und Visualisierungen werden alles verändern, ganz egal welche Sportdisziplin du ausübst. Sobald du mehr und mehr Zeit damit verbringst und dich wenigstens 10 Minuten deines Tages Atem- und Gedankenübungen widmest, wirst du sehen, wie mächtig diese beiden sind.

Mein Wissen über und meine Erfahrung in Meditation und Visualisierung hat mir über die Jahre hinweg geholfen, gesünder und stärker zu leben. Dies hat alles Aspekte meins Lebens verbessert. Je mehr du deinen Verstand zur Weiterentwicklung nutzt, desto mehr willst du Meditation und Visualisierungen üben.

Entfessele dein wahres Potential, indem du direkt damit anfängst dich über Meditation und Visualisierungen zu informieren und diese beiden Dinge zu trainieren!

# EINLEITUNG

Meditation ist eine der besten Arten um dein wahres Potential zu entfalten. Eine gesunde Ernährung und Training sind nur zwei Teile des Puzzles, du benötigst jedoch ein weiteres, um dein wahres Potential zu entfesseln. Das dritte Puzzleteil ist die mentale Stärke, die du durch Meditation erreichen kannst.

Sportler, die regelmäßig Meditationsübungen durchführen,...

- ...sind während eines Wettbewerbs selbst-bewusster.
- ...verfügen über niedrige Stresswerte.
- ...können sich für längere Zeit konzentrieren.
- ...haben weniger Ermüdungserscheinungen.
- ...erholen sich nach einem Wettbewerb oder nach dem Training schneller.
- ...übergehen Nervosität besser.
- ...können unter Druck ihre Gefühle kontrollieren.

Was wünschst du dir als Sportler mehr?

Wenn sie daran denken ihr waches Potential zu entfalten, fokussieren sich die meisten Sportler auf ihre körperlichen und ernährungstechnischen Ziele. Oftmals übersehen sie jedoch ihr inneres Potential in Form von Meditation und Visualisierungen. Es ist verständlich, dass man körperliche

Leistungen an den Trainingseinheiten misst. Viele Sportler wissen allerdings nicht, dass Meditation nachweislich die körperliche Gesundheit und Fitness steigert.

Höchstleistungen zu erzielen macht es erforderlich, dass du deinen Körper und deinen Geist trainierst und stimulierst. Dies nicht zu berücksichtigen, kann der Hauptgrund dafür sein, warum einige Sportler Probleme damit haben, die nächste Stufe zu erreichen. Um den Bestes zu geben, musst du akzeptieren, dass erst das Zusammenspiel aus Körper und Geist dich vervollständigt.

Meditation als Übung für den Geist hilft deine, Verstand dabei, deinen Körper zu stärken.

Körperliche Fitness, die richtige Ernährung und Meditation sind drei Schlüsselelemente um einen Zustand von optimaler Leistungsfähigkeit zu erreichen. Viele Sportler achten nicht so viel auf Meditation, wie sie es eigentlich sollten. Das liegt daran, dass sich viele über ihr Erscheinungsbild und dessen Wahrnehmung durch ihre Umwelt sorgen.

Die Ergebnisse der Meditation sind keine, die du sehen wirst, aber du wirst deine neue Fähigkeit der Gedanken- und Gefühlskontrolle spüren. Mit dem Beginn der Meditationsübungen, die du diszipliniert und regelmäßig durchführen solltest, wirst du signifikante Verbesserungen im Umgang mit Sorgen, Druck und Stress bemerken. Dies sind die Hauptthemen, mit deren Überwindung sich die meisten Sportler in ihrem Leben oder bei dem Erlangen ihres wahren Potentials schwer tun.

Verändere dein Leben und beginne mit den Meditationsübungen: Du wirst deine Grenzen überwinden und endlich frei sein!

## WAS IST MEDITATION?

Meditation ist ein Gedankenzustand, während dem du in aller Ruhe etwas reflektierst oder an etwas denkst. Meditation und das normale Denken sind zwei verschiedene Dinge. Durch Meditation erreichst du einen Zustand höchster Konzentration, in dem nichts deine Gedanken trübt oder sie auf Umwegen führt.

Mediation erfordert ein höheres Maß an Konzentration. Darum ist es so wichtig sich in einer Umgebung zu befinden, die dich nicht ablenkt und in der keine Geräusche von außen, deine Gedanken unterbrechen.

Deine normalen Gedanken existieren womöglich nur für wenige Sekunden, bei der Meditation halten diese sowie der Entspannungsprozess mindestens 5 Minuten an – oder solange du willst.

Gedanken hast du viele, aber während der Meditation lenkst du all dein Denken auf einen einzigen Gedanken. Manchmal kann das Ziel der Übung auch lediglich darin bestehen, einen klaren Zustand zu erlangen.

Meditation kann für religiöse oder nicht-religiöse Zwecke genutzt werden, aber dieses Buch widmet sich ausschließlich den nicht-religiösen Zwecken.

Du kannst zu jeder beliebigen Tages- oder Nachtzeit meditieren – immer dann, wenn du dich zur Ruhe zwingen musst oder einen Zustand seelischer Balance erreichen willst.

Mit zunehmender Erfahrung im Bereich der Meditation wirst du diesen Gedankenzustand schneller erreichen, weil du immer besser darin sein wirst, Ablenkungen auszuschließen. Dadurch gelingt es dir schneller, deine Gedanken zu bündeln.

Es ist wichtig negative Gedanken, stressreiche Situationen oder andere störende Faktoren auszuschließen, wenn du daran arbeitest, deinen Fokus auf bestimmte Ideen zu lenken.

Um dein Potential zu maximieren, musst du in der Lage sein, deine Gedanken zu ordnen, mentale Ablenkungen hinter dir zu lassen sowie gedankliche Hürden zu überwinden.

## Aufbau mentaler Stärke beim Krafttraining durch Meditation

# KAPITEL 1: WIE PROFITIERST DU VON MEDITATION?

Die Vorteile von Meditation belaufen sich auf körperliche Vorteile, mentale Vorteile, emotionale Vorteile und spirituelle Vorteile, wie du gleich sehen wirst.

Es macht keinen Unterschied, ob du groß, klein, clever oder langsam bist, Meditation eignet sich für alle, die sich verbessern wollen.

Ich persönlich finde Meditation wundervoll, aber jeder Mensch ist anders und du wirst womöglich in einem Aspekt deines Lebens mehr davon profitieren als in einem anderen.

Meditation reduziert nachweislich Sorgen und da Sorgen und Stress zwei sehr ernstzunehmende Probleme sind, die Sportler um die ganze Welt betreffen, ist es ein wichtiges Thema. Meditation verhindert die Weiterentwicklung von Stress und Sorgen, wodurch sie besser überwindet oder sogar völlig aus deinem Leben verbannt werden können.

Tatsächlich ist Meditation eines der besten Mittel um Stress zu kontrollieren und gesundheitlich Probleme zu reduzieren, die sich aufgrund des Stresses ergeben können. Stress verursacht Schlafmangel und verringert deine

Energie. Dies wiederum beeinflusst deine Einstellung, deine Leistung bei der Arbeit, deine Gelassenheit und deine Toleranz negativ.

Meditation ist eine gute Technik gegen Stress, so dass du sie getrost in deinen Tagesplan aufnehmen kannst. Mit den täglichen Übungen wirst du dich gesünder und besser fühlen.

## Körperliche Vorteile

Wenn Sportler daran denken, ihre körperliche Leistung zu steigern, dann tun sie dies durch verschiedene Körperübungen. Darunter versteht man beispielsweise Fahrrad fahren, laufen, schwimmen, walken oder Gewicht heben. Es ist nur normal an körperliche Übungen zu denken, wenn man die körperliche Fitness verbessern möchte – aber körperliche Leistung wird auch durch andere Dinge angeregt und Meditation beweist dies.

**Einige körperliche Verbesserungen, die nach der Meditation auftreten können:**

1. **Deine Fähigkeit deine Herzfrequenz zu senken.** Dies hilft dir, deine Gefühle besser zu kontrollieren. Stress und Sorgen lassen dein Herz schneller schlagen. Das zu

kontrollieren, wird dir zu Gute kommen, wenn du ständig unter Druck stehst.

2. **Deine Fähigkeit deinen Blutdruck zu senken.** Neben dem Senken deines Herzschlags verhilft dir Meditation zu einem niedrigeren Blutdruck. Bluthochdruck erhöht das Risiko von Herzerkrankungen oder Schlaganfall. Zu viele Dinge in unserer Umwelt, insbesondere Essen, steigert unseren Blutdruck. Indem du ein mächtiges Werkzeug wie Meditation auf deiner Seite hast, kannst du Bluthochdruck ganz leicht besiegen.

3. **Deine Fähigkeit Muskelkrämpfe zu kontrollieren.** Sportler, die über eine straffe Muskulatur verfügen, sind anfälliger für eine muskuläre Dysbalance und zerren sich öfter einen Muskel als Menschen, die gelernt haben, die Muskeln zu entspannen. Sportler erholen sich schneller und ermüden seltener nach dem Training. Wenn du die Muskelspannung verringerst, erholen sich deine Muskeln schneller dank deiner verbesserten inneren Ruhe, die deine körperliche Leistung steigert. Sportler, die auf einem hohen Niveau trainieren, möchten diesen Vorteil nicht missen.

4. **Deine Fähigkeit in stressigen Situationen ruhig zu bleiben.** Deine Gefühle besser unter Kontrolle zu haben, wird dir dabei helfen, ruhiger zu bleiben, wenn sich

Dinge so entwickeln, wie du es nicht erwartet hast, oder Dinge immer stressiger werden.

5. **Deine verbesserte Fähigkeit im Umgang mit Sorgen und Angst.** Viele Sportler machen sich weniger Sorgen oder haben weniger Angst Dinge zu tun, wenn sie dazu in der Lage sind, alles zuerst einmal in Gedanken durchzuspielen. Das ist eine gute Vorbereitung für dich und macht dich selbstbewusster.

6. **Deine Fähigkeit dein Immunsystem zu stärken.** Entspannter und weniger besorgt zu sein, einen geringeren Blutdruck haben und dich schneller zu erholen, trägt alles zu einem verbesserten Immunsystem bei. Dadurch fühlst du dich stärker, gesünder und energiegeladener als jemals zuvor.

7. **Deine verbesserte Fähigkeit, dich nach dem Training zu erholen.** Meditation verhilft zu einer schnelleren Immunantwort und dies wiederum hilft dir, dich schneller von deinem Workout zu erholen. Wenn dein Immunsystem schwach ist – was normal ist für Personen, die ständig unter Druck stehen, in Eile oder ernsthaft gestresst sind -, macht dich das müde. Durch tägliche Meditationsübungen wirst du dich schneller erholen, so dass du wieder schneller einsatzfähig bist und mit mehr Energie trainieren kannst

Das sind nur einige der bekanntesten körperlichen Vorteile, die du an dir nach Meditationsübungen bemerken und spüren kannst. Du wirst sehen, dass Meditation wenig bis gar keine Bewegung erfordert, aber denk nicht, dass dies dich nicht in einer körperlichen Weise beeinflussen wird.

## Mental Vorteile

Wie du dir sicherlich denken kannst, gehen mentale oder psychologische Vorteile der Meditation einher mit einer gedankenkonzentrierten Form des Trainings.

Einige der wichtigsten mentalen Vorteile der Meditation sind:

1. **Verbesserte Haltung zu Ärger.** Einige Sportler werden sehr leicht sehr wütend, manchmal ganz ohne jeglichen Grund. Der erste mentale Vorteil ist ein reduzierter Level an Ärger oder Aggressionen. Dies liegt daran, dass du eine verbesserte Kontrolle über dich haben wirst. Außerdem kannst du es verhindern, dass deine Emotionen die Kontrolle über dich gewinnen. Für diejenigen, die täglich aggressiv werden, eignet sich Meditation hervorragend um deine Gefühle nieder zu kämpfen, wenn sie außer Kontrolle geraten.

2. **Eine verbesserte Fähigkeit zur Konzentration.** Meditation kann dir helfen, deine Konzentrationsspanne zu verlängern. DAS IST EINES DER GRÖßTEN VORTEILE, DIE DU DURCH MEDITATION ERZIELEN KANNST und zudem eines, das du nicht vergessen solltest. Ein wesentliches Ziel der Meditation besteht darin Hindernisse zu überwinden, indem du dazu in der Lage bist, Ablenkungen auszuschließen und dich ganz auf die vor dir liegende Aufgabe zu konzentrieren.

3. **Ein größeres Vertrauen in dich selbst.** Sportler, die regelmäßig meditieren, sagen oft, dass sie sich dadurch selbstbewusster fühlen. Selbstvertrauen bedeutet, dass du eine größere Kontrolle über bestimmte Ereignisse in deinem Leben haben wirst. Wenn du mehr Selbstvertrauen hast, macht sich das in allen Lebenslagen bemerkbar – sei es in der Interaktion mit anderen oder beim Erreichen deiner Ziele. Meditation kann dich bestärken. Für die meisten Sportler ist die Verringerung von Stress bereits Motivation genug um täglich zu meditieren.

4. **Du wirst entspannter sein.** Atemübungen in Verbindung mit dem Schließen deiner Augen und fokussiertem Denken wird dir dabei helfen, ruhiger und entspannter zu sein.

**Aufbau mentaler Stärke beim Krafttraining durch Meditation**

Wir werden die spirituellen Vorteile der Meditation in diesem Buch nicht vollkommen übergehen, aber wenn du daran interessiert bist, kannst du zu diesem Thema verstärkt nachforschen.

## KAPITEL 2: WIE PROFITIEREN SPORTLER VON MEDITATION?

Meditationen können Sportler aus verschiedenen Gründen nutzen: Stress, Konzentration, schwache Nerven etc. Sportler können von Meditation profitieren, indem sie ihre Erholungszeit verkürzen, die wichtig ist, um das nächste Leistungsniveau zu erreichen. Deine Trainingseinheiten werden dank deiner verbesserten Konzentrationsfähigkeit und geringeren Ermüdungserscheinungen deiner Muskeln intensiver sein und von höherer Qualität. Die meisten Sportler können auf diese Art ihre Nervosität im Vorfeld und während eines Wettbewerbs senken. Die verhilft ihnen zu einer verbesserten und selbstbewussteren Spielweise.

Wenn du einmal damit beginnst, regelmäßig zu trainieren, dann verbesserst du nicht nur deine Konzentration, sondern auch deine Fokussier-Fähigkeit, insbesondere zu Zeiten, in denen du unter Druck und anderen unerwarteten Umständen spielen musst. Diese gesteigerte Fokussier-Fähigkeit wird dir zu einer besseren Leistung verhelfen.

**Sportler mit einem erhöhten Risiko für Herzerkrankungen** können ebenfalls bedeutend von der Meditation profitieren. Ärzte verschreiben mittlerweile sehr viele Meditationen und weniger Medikamente. Für manche gehört dies bereits zum Alltag, für andere stellt das eine lebensverändernde Chance dar. Indem ein Sportler nur den Stress reduziert, dem er tagtäglich ausgesetzt ist, senkt sich sein Blutdruck und die Leistungsfähigkeit steigert sich. Dies zeigt sich in verstärkt stattfindenden Trainings-einheiten. Einige Sportler haben bemerkt, dass Meditation die Stressbewältigung unterstützt. Über Letzteres wird nur selten gesprochen, nichtsdestotrotz hält Stress Menschen davon ab, Höchstleistungen zu erbringen. Sportler sind oftmals der Meinung, dass sie nach Meditationsübungen eine bessere Kontrolle über ihr Leben haben. Dies minimiert den Stress und führt dadurch zu einem verringerten Risiko für Herzerkrankungen.

Übergewicht ist ein weit verbreitetes Problem. Dies ist darauf zurückzuführen, dass viele eine Diät nicht richtig planen und auch nicht einhalten können, entweder aus Mangel an Disziplin oder aufgrund von schlechten Angewohnheiten. MEDITATION HILFT DIR BEIM ABNEHMEN, wenn die Esssucht durch Stress bedingt ist.

**Sportler, die versuchen mit schlechten Angewohnheiten zu brechen,** werden feststellen, dass es schwierig ist diese abzulegen und sich neue anzueignen. Rauchen, Alkoholkonsum, Nervosität, Zorn oder andere Unarten können durch Meditation kontrolliert werden, da diese Gelüste stillt. Eine grundlegende Technik ist es, Dinge langsamer anzugehen und verschiedene Atemübungen auszuführen, um sich darauf zu konzentrieren, schlechte

Angewohnheiten abzulegen. Dies ist insbesondere dann wichtig, wenn diese begünstigt werden durch Stress oder Ärger.

**Sportler, die an Depressionen oder innerer Unruhe leiden**, leiden auch unter Stress, da er meist zu den ersten beiden beiträgt. Ein schlechter Gesundheitszustand verbessert sich dramatisch durch tägliche Meditationsübungen. Wenn du das Meditieren übst, wirst du eine größere Kontrolle über deine Stimmung haben. Außerdem blickst du dadurch viel optimistischer in die Zukunft. Viele Sportler machen sich zu große Sorgen über ihre Karriere oder vergangene Niederlagen, die völlig irrelevant für die Gegenwart sind. Es ist vielmehr wichtig, dir Zeit zu nehmen, um dein gegenwärtiges Potential durch eine verbesserte Ernährung und Meditation zu entfalten. Wenn dein Ziel in einer verbesserten Kontrolle über deine Gedanken und Gefühle besteht, wirst du bemerken, dass Meditation dich beruhigt und du dich in anstrengenden Situationen nicht überwältigt fühlst.

# KAPITEL 3: DIE BESTEN MEDITATIONSÜBUNGEN FÜR KRAFTSPORTLER

**Aufmerksamkeit**

Während dieser Übung sollten Sportler versuchen mit jedem Gedanken, der gerade ihrem Geist entspringt, in der Gegenwart zu bleiben.

Diese Art der Meditation lehrt dich, auf deinen Atemrhythmus zu achten, aber versucht nicht diese durch Atemübungen zu verbessern. Dies ist im Vergleich zu anderen, mehr aktiveren Übungen, die auf eine Veränderung deiner Atemrhythmik abzielen, eine eher passive Meditationsübung. Aufmerksamkeit ist eine der bekanntesten Meditationsübungen der Welt und zudem eine solche, von der Sportler sehr gut profitieren.

**Gerichtet Meditation**

Sportler, die meditieren, fokussieren ihre Gedanken auf ein bestimmtes Problem, Gefühl oder Objekt, auf das sie sich konzentrieren wollen und für das sie eine Lösung suchen.

Beginne damit, alle Ablenkungen aus deinen Gedanken zu vertreiben. Dann nimm dir Zeit um dich auf ein bestimmtes Geräusch, Objekt oder einen bestimmten Gedanken zu konzentrieren. Du versuchst dich so lange wie möglich auf diesen Zustand zu konzentrieren, bei dem du lernst, deine Konzentration auf etwas zu lenken, das du erreichen willst.

Es ist deine Entscheidung, ob du weiter machst, um an einem anderen Objekt oder Gedanken zu arbeiten. Oder aber du bleibst bei deinem anfänglichen Fokus auf ein Geräusch, ein Objekt oder einen Gedanken, den du zuvor hattest.

**Bewegungsmeditation**

Bewegungsmeditation ist eine andere Art der Meditation, die du ebenfalls ausprobieren solltest. Diese Form der Meditation, bei der du dich auf deine Atemrhythmik fokussierst, ist ebenfalls eine Übung, die du ausprobieren solltest. Diese Art der Meditation fokussiert auf deinen Atemrhythmus, bei dem du Luft in deine Lungen pumpst und wieder entlässt. Zu diesem Atemrhythmus bewegst du deine Hände. Wiederhol diese Übungen einige Male. Du findest es am Anfang vielleicht ungewöhnlich, dich zu bewegen, während deine Augen geschlossen sind, aber mit der Zeit wirst du feststellen, dass es sehr entspannend ist und deine Gesundheit verbessert.

Ein Geist, der mit dem Körper in Verbindung steht, wird bei dieser Form der Meditation optimiert. Insbesondere Menschen, die Probleme damit haben, still zu sitzen und es vorziehen, sich dauernd zu bewegen, profitieren davon. Diese Bewegungen sollten langsam sein und sich wiederholen. Je kontrollierter sie sind, desto besser. Schnelle oder aggressive Bewegungen werden den Nutzen der Meditation zunichtemachen.

Menschen, die Yoga machen, finden diese Meditationsform großartig, da sie den Atemtechniken und Bewegungen beim Yoga ähneln. Beide verbessern die Kontrolle über dich und über deine Gedanken. Menschen, die niemals zuvor Yoga gemacht haben, dafür aber Bewegungsmeditation, werden herausfinden, dass sich verschiedenen Yogaübungen hervorragend zum Aufwärmen eignen. Dadurch findest du dich schneller in die Bewegungsmeditation ein. Das Ziel besteht darin, einen meditativen Zustand schneller zu erreichen und Yoga wird dich dabei in natürlicher Weise unterstützen. Während Yoga auf die Verbesserung der Flexibilität fokussiert und auf den Aufbau von Muskelstärke, richtet sich Bewegungsmeditation auf einen mentalen Zustand und auf einen langsamen Atemrhythmus.

**Mantrameditation**

Mantrameditation hilft dir, dich besser auf deine Gedanken zu konzentrieren und diese zu ordnen um ein maximales Ergebnis durch die Meditation zu erzielen.

Während der Mantrameditation sagst du während des Meditationsprozesses immer und immer wieder Mantras auf

Ein Mantra kann ein Geräusch, ein Satz oder ein Gebet sein, das du immer und immer wieder chanten musst.

Wir werden uns nicht mit spiritueller Meditation beschäftigen, aber es handelt sich hierbei um eine andere Art der Meditation neben der gerichteten Meditation, der Aufmerksamkeit, Mantrameditation und Bewegungsmeditation.

Jeder Mensch ist anders, was heißt, dass du nicht eine einzige Meditationsform verwenden musst, um deine Ziele zu erreichen. Du kannst eine oder mehrere Formen und das in einer beliebigen Reihenfolge verwenden.

## KAPITEL 4: WIE BEREITET MAN SICH AUF DIE MEDITATION VOR?

Sobald du weißt, welche Art der Meditation du ausüben willst, musst du wissen, wie du dich darauf vorbereitest. Stell sicher, die Meditation nicht zu überstürzen, da dies mit Sicherheit die Resultate verringern wird.

**AUSSTATTUNG: Platzier eine Matte, ein Handtuch oder ein Stuhl an deinem Meditationsort**

Einige Menschen ziehen es vor, ein Handtuch zu benutzen (was vor allem auf Reisen oder außerhalb der Stadt von Vorteil ist) oder aber eine Matte um sich zu setzen oder sich flach hinzulegen. Andere mögen es lieber, wenn sie auf einem Stuhl zu sitzen um eine stabilere Position zu haben. Dies hilft ihnen, nicht einzuschlafen, wenn du dich zu entspannt fühlst.

Ich ziehe es vor auf einer Yoga-Matte zu sitzen, da es eine Position ist, die mir hilft, mich zu fokussieren und zu entspannen. Manchmal wärme ich mich mit Yoga oder Dehnübungen auf. Aus diesem Grund liegt die Matte schon bereit. Wenn ich verreist bin, verwende ich jedoch einfach ein dickes Handtuch.

Sich wohl zu fühlen, ist sehr wichtig um den richtigen Gedankenzustand zu erreichen. Stell daher sicher, dass du die richtigen Materialien verwendest.

## ZEIT: Entscheide im Voraus, wie lange du meditierst

Stell sicher, dass du bereits im Voraus entscheidest, wie lange du meditieren willst und zu welchem Zweck. Wenn du dich nur auf positives Denken und deine Atmung konzentrieren willst, reicht eine Einheit von 5 bis 15 Minuten. Wenn du dich dagegen auf ein Problem fokussieren willst und eine Lösung dafür finden möchtest, musst du natürlich zuerst sehr viel Zeit einplanen, um dich überhaupt durch Atemübungen zu entspannen. Dann erst fokussierst du auf alternative Lösungsstrategien für das Problem, das vor dir liegt. Dies kann 10 Minuten dauern oder aber eine Stunde, abhängig von deiner Erfahrung mit der Meditation. Es kann aber auch von deinem Entspannungszustand abhängen, welcher dafür verantwortlich ist, dich auf ein Problem zu konzentrieren.

Plane im Voraus, wie lange du dich vorbereiten möchtest, damit du am gleichen Ort bleiben kannst, ohne dass dich irgendetwas ablenkt. Seien es dein Hunger, die Kinder, die in dem Raum kommen, Toilettengänge etc. Sei dir dieser möglichen Störungen davor bewusst.

## ORT: Finde einen sauberen, ruhigen und bequemen Ort zum Meditieren

Finde einen Ort, an dem du total entspannen und deine Gedanken ordnen kannst, ohne jegliche Störungen. Das kann überall dort sein, wo du dich behaglich fühlst und diesen entspannten Geisteszustand erlangen kannst. Es kann das Gras in einem Garten sein, in einem Zimmer deines Hauses, im Bad, in einem leeren und ruhigen Zimmer oder ganz allein im Auto. Es liegt ganz bei dir. Stell sicher, dass du keinen Ort wählst, an dem sich Arbeit für dich oder dein Handy befindet, das dauernd klingelt oder vibriert. MACH DEIN HANDY AUS! Es ist unmöglich Resultate zu ernten, wenn du dauernd unterbrochen wirst. Heutzutage stellen Handys ein Haupt-Störungsfaktor dar.

Den Ort, den du wählst, sollte diese Merkmale aufweisen: er sollte ruhig sein, sauber und angenehm beheizt sein (Wärme schläfert ein und Kälte zwingt dich aufzustehen und dich zu bewegen). Außerdem sollte es frei von jeglichen Störungsquellen sein.

**VORBEREITUNG: Bereite deinen Körper auf die Meditation vor**

Bevor du anfängst zu meditieren, stell sicher, dass du alles tust, damit sich dein Körper entspannt und du bereit bist: Du kannst zuvor duschen, dich dehnen, bequeme Kleidung anziehen etc.

Achte außerdem darauf, spätestens 30 Minuten vor den Übungen etwas zu essen, damit du nicht hungrig bist oder dich überfressen fühlst. Eine leichte Mahlzeit ist ideal um dich im Vorfeld darauf vorzubereiten. Ich werde auf diesen wichtigen Punkt Ernährung in den folgenden Kapiteln noch genauer eingehen.

**AUFWÄRMEN: Mach einige Yoga-Übungen oder Dehnübungen um dich zu entspannen.**

Diejenigen unter euch, die Yoga schon in der Vergangenheit gemacht haben, wissen, wie entspannend das sein kann. Für diejenigen, die noch nie Yoga gemacht haben, ist es eine gute Gelegenheit damit anzufangen, da es dir dabei hilft, doch zu entspannen und zu beruhigen. Es ist nicht notwendig, Yoga-Übungen im Vorfeld der Meditation zu machen, aber es hilft dir, maximale Leistungen zu erzielen und es beschleunigt zudem den Entspannungsprozess, um dich in den richtigen Zustand zu versetzen. Dehnen ist eine weitere gute Alternative, da dies in Verbindung mit Atemübungen dich beruhigen und befreien wird.

**MENTALITÄT: Nimm einige tiefe Atemzüge um dich zu beruhigen**

Atmen ist leicht, aber Atemübungen brauche ihre Zeit. Die Nutzen von Atemtechniken sind vielfältig.

Die meisten Sportler erholen sich nach anstrengenden Situationen schneller. Sie bemerken außerdem, dass sie dazu in der Lage sind, fokussiert zu bleiben, wenn sie außer Atem sind. SPORTLER MÜSSEN DAS ATMEN LERNEN!

Sportler müssen sich auf die Luft konzentrieren, die in ihre Lunge eintritt und sie wieder verlässt. Achte darauf, wie dein Körper sich entspannt und anspannt. Es wird dir helfen sich entspannter zu fühlen, wenn du spürst und hörst, wie die Luft durch Mund und Nase strömt. Daher ist es wichtig, sich auf die Atmung zu konzentrieren. Jedes Mal, wenn du einatmest und anschließend ausatmest, versuche einen immer tieferen Grad der Entspannung zu erreichen. Jedes Mal, wenn der Sauerstoff deine Lungen füllt, wird dein Körper mit Energie und voller positiver Emotionen beladen.

**UMGEBUNG: Füge deinem Hintergrund entspannende oder meditative Musik zu – aber nur wenn es dich nicht ablenkt.**

Wenn dir Meditationsmusik hilft, dich vollkommen zu entspannen, dann untermale damit deine Meditationssitzung. Alles, was dir hilft dich zu fokussieren und zu entspannen, sollte genutzt werden – auch Musik.

Wenn du der Meinung bist, dass du deine Gedanken besser ordnen kannst ohne Geräusche und Musik, dann verzichte auf die Hintergrundmusik.

Ich benötige normalerweise keine Musik aus dem einfachen Grund, weil mich die Musik in eine andere Richtung lenkt, der ich nicht immer folgen möchte. Einige Lieder erinnern mich nämlich an andere Gedanken oder

Ideen. Das ist nur meine Meinung, aber eventuell ist Musik ja das Richtige für dich. Versuche beide Ansätze um herauszufinden, was besser für dich ist. Einige Sportler mögen es im Vorfeld eines Wettbewerbs Musik zu hören. Das entspannt sie oder versetzt sie in die richtige Stimmung. Finde heraus, was bei dir wirkt.

# MEDITATIONS-STELLUNGEN

Die Entscheidung über die richtige Meditations-Stellung liegt ganz bei dir. Es gibt keine falsche oder richtige Position, nur diejenige, die dir zu einer gesteigerten Konzentration verhilft. Einige Menschen sitzen dabei gern auf einem Stuhl, da er deinen Rücken stützt, andere hingegen ziehen den Boden vor und sitzen auf einem Handtuch.

Wenig gelenkige Menschen empfinden die Lotus-Position auf lange Sicht vielleicht als sehr unbequem und überspringen diese lieber oder warten noch etwas, bis sie sich daran versuchen. Achte nochmals darauf, dass du während der gesamten Meditation in derselben Position verharren kannst. Ist dies nicht der Fall, ändere deine Position.

**Sitzende Position**

Hierzu benötigst du nur einen Stuhl, der dir für die Übungen bequem genug erscheint. Zu bequem sollte er allerdings auch nicht sein, damit du nicht auf dem Stuhl einschläfst. Achte bei einer sitzenden Position auf einen geraden Rücken und darauf, dass deine Füße den Boden berühren. Dadurch verhinderst du, dass du an Rückenschmerzen leidest. Einige Menschen polstern den

Sitz mit einem weichen Kissen aus, damit es bequemer wird.

**Auf dem Boden kniend**

Ziehe deine Schuhen und Socken aus, wenn du willst und knie dich auf den Boden. Knie auf einer weichen Matte oder einem gefalteten Handtuch. Deine Füße sollten nach hinten zeigen und deine Hüfte sollte sich über deiner Ferse befinden. Dein Rücken sollte durchgestreckt und entspannt sein. Hiermit erlaubst du deinen Lungen so oft wie erforderlich sich zu dehnen und zusammen-zuziehen. Du möchtest eine starke Verbindung durch deine Atmung verspüren und dazu muss die Luft in einer fließenden Bewegung in deine Lunge ein- und ausströmen.

**Burmese Position**

Die Burmese Position ist der Schmetterlings-Position ähnlich, nur mit veränderter Fußstellung. Setz dich auf den Boden und öffne deine Beine, positioniere deine Knie eng beieinander, während du deine Füße in Richtung deines Körpers legst. Ein Fuß sollte sich vor dem anderen befinden. Halte in dieser Position deine Knie so flach wie möglich. Wenn es unbequem wird, wähle eine andere Position, es gibt mehrere Möglichkeiten. Deine Hände sollten an der Seite anliegen oder in einer Finger kreuzenden Position. Dein Rücken sollte gerade sein und dein Kopf etwas nach oben geneigt. Dadurch erlaubst du es, Luft in deinen Körper einzuströmen und sie auch wieder entweichen zu lassen. Dies ist eine fortgeschrittene Meditations-Stellung. Es ist also nicht notwendig, damit zu beginnen, außer du fühlst dich darin hundertprozentig wohl.

**Lotus Position**

Die Lotus Position ähnelt der Burmese Position – allerdings mit einer kleinen Änderung. Du musst deine Füße auf deine Oberschenkel legen, während du dich in der Burmese Position befindest. Deine Hände sollten sich an deiner Körperseite befinden oder in einer Finger überkreuzenden Position.

Meine Knie schmerzen in dieser Position, daher nutze ich sie während meiner Meditations-Einheit nicht. Du sollst dich aber frei fühlen, es einmal zu probieren, solange es nicht unbequem für dich ist. Du möchtest nicht, dass der Schmerz, den du spürst, deine ganze Aufmerksamkeit von deinem Ziel der gerichteten Atmung und der inneren Ruhe lenkt. Wenn dir diese Position nicht gefällt, wähle einfach eine andere aus.

## Liegende Position

Leg dich auf eine Matte, ein Handtuch oder eine Wolldecke und entspanne deine Hände und Füße. Deine Hände sollten sich an der Seite befinden und deine Füße nach oben zeigen. Du kannst deine Hände aber auch auf deinen Bauch legen. Dein Kopf sollte in Richtung der Decke oder des Himmels zeigen. Wenn du ihn zu einer Seite oder der anderen drehst, wird das verhindern, dass du für lange Zeit fokussiert bleibst. Außerdem könnte diese Position dir vielleicht Nackenschmerzen bereiten. Dies ist eine sehr gute Position zum Meditieren (wenn sie korrekt durchgeführt wird) – solange du nicht einschläfst. Wenn das für dich ein Problem ist, dann verändere deine Position.

## Schmetterlings-Position

Für diese Position musst du dich auf eine Matte oder ein Handtuch setzen. Öffne deine Beine und stell deine Füße nebeneinander, so dass die Fersen sich berühren. Deine Knie können sich in einer aufrechten Position befinden oder sie können flach auf dem Boden liegen, es ist völlig unerheblich, solange du dich wohl fühlst und in dieser Position entspannen kannst. Achte auf eine gerade und balancierte Wirbelsäule.

# KAPITEL 5: ÜBUNGEN ZUM ERWERB VON ATEMRHYTHMEN, DIE ALLE ATHLETEN FÜR DIE MEDITATION LERNEN SOLLTEN

Atemübungen sind der Schlüssel um dich auf die Meditation einzustimmen und heben dich in einen fokussierten Zustand.

Für die Meditationsform der Aufmerksamkeit wirst du konzentriert bleiben, aber du wirst verstärkt auf deine Atmung achten. Dein Ziel sollte nicht darin bestehen, deine Atmung zu kontrollieren, sondern darin den Luftstrom in deine Lunge zu spüren und anschließend den Ausstrom in deine Umgebung. Der Einatmungs- und Ausatmungsprozess sollte zum Zwecke dieser Übung nur durch die Nase ablaufen. Für andere Übungen gilt dies jedoch nicht.

Als Erinnerung an andere Meditationsformen möchtest du auf deinen Atemrhythmus achten und sie durch deine Sitzung lenken. Alle Atemübungen sollen absolviert werden, indem du über die Nase einatmest und durch den Mund ausatmest (außer wenn du die Aufmerksamkeit trainierst).

Um einen besseren Meditationszustand zu erreichen, muss dein Herzschlag sich beruhigen. Um dies zu erreichen, ist deine Atmung sehr wichtig. Die Rhythmen, die du verwendest, werden diesen Prozess erleichtern und dir zu einer höheren Konzentrationsfähigkeit verhelfen. Mit zunehmender Übung werden diese Atemrhythmen eine zweite Natur für dich werden. Entscheide im Vorfeld, ob eine verlangsamte Atmung für dich besser ist oder ob du eine beschleunigte Atmung bevorzugst. Eine verlangsamte Atmung entspannt dich, während eine beschleunigte Atmung dich mit Energie versorgt.

## LANGSAME ATEMTECHNIKEN

Um deine Atmung zu verlangsamen, nimmst du Luft langsam und lange Zeit auf und entlässt sie dann anschließend genauso langsam. Sportler hilft diese Form der Atmung dabei nach dem Training oder eine Stunde vor dem Wettkampf zu entspannen. En unterschiedliches Volumen an ein- und ausgeatmeter Luft wird deine Entspannungsgrad beeinflussen und somit auch dein optimales Meditationslevel.

**Normale Atemtechniken:** Beginne damit, Luft langsam durch die Nase einzuatmen und zähle bis 5. Lass dann die Luft entweichen, indem du von 5 an rückwärts bis 1 zählst. Du solltest diese Übung 4 bis 10 Mal wiederholen, bis du dich vollkommen entspannt fühlst und bereit bist, dich zu fokussieren. Sportler sollten bei dieser Atemtechnik darauf achten über die Nase einzuatmen und durch den Mund auszuatmen.

**Ausführlich langsame Atemtechnik:** Beginne damit, Luft langsam durch die Nase einzuatmen und zähle bis 7. Lass dann die Luft langsam über deinen Mund entweichen, indem du von 7 an rückwärts bis 1 zählst. Du solltest diese Übung 4 bis 10 Mal wiederholen, bis du dich vollkommen entspannt fühlst und bereit bist, dich zu fokussieren

**Langsame Atemtechniken für hyperaktive Sportler:** Beginne damit, Luft langsam durch die Nase einzuatmen und zähle bis 3. Lass dann die Luft über deinen Mund entweichen, indem du von 6 an rückwärts bis 1 zählst. Du solltest diese Übung 4 bis 6 Mal wiederholen, bis du dich vollkommen entspannt fühlst und bereit bist, dich zu fokussieren. Diese Technik zwingt dich herunterzukommen. Die letzte Durchführung dieser Sequenz sollte mit einer 4 Sekunden andauernden Einatmung und einer 4 Sekunden andauernden Ausatmung. Dies stabilisiert deine Atmung.

**Extra langsame Atemtechnik:** Beginne damit, Luft langsam durch die Nase einzuatmen und zähle bis 4. Lass dann die Luft über deinen Mund entweichen, indem du von 10 an rückwärts bis 1 zählst. Du solltest diese Übung 4 bis 6 Mal wiederholen, bis du dich vollkommen entspannt fühlst und bereit bist, zu meditieren. Diese Technik beruhigt dich nach und nach. Die letzten beiden Durchführungen dieser Sequenz sollten mit einer 4 Sekunden andauernden Einatmung und einer 4 Sekunden andauernden Ausatmung. Dies stabilisiert deine Atmung und gleicht das Verhältnis von eingeatmeter und ausgeatmeter Luft aus.

**Stabilisierende Atemtechniken vor der Meditation**: Das ist eine gute Atemtechnik, die du verwenden solltest, wenn du dich bereits ruhig fühlst und direkt mit der Meditation beginnen willst. Beginne damit, Luft langsam durch die Nase einzuatmen und zähle bis 3. Lass dann die Luft entweichen, indem du von 3 an rückwärts bis 1 zählst. Du solltest diese Übung 7 bis 10 Mal wiederholen, bis du dich vollkommen entspannt fühlst und bereit bist, dich zu fokussieren Sportler sollten bei dieser Atemtechnik darauf achten über die Nase einzuatmen und durch den Mund auszuatmen.

**SCHNELLE ATEMTECHNIKEN**

Schnelle Atemtechniken sind sehr wichtig für Sportler, um verstärkt Energie zu tanken und sich auf einen Wettbewerb vorzubereiten. Auch wenn diese Atemtechnik vor allem für die Visualisierungen sehr effektiv ist, ist sie genauso hilfreich beim Meditieren. Sportler, die sehr gelassen sind und verstärkt ihre Gefühle in den Begriff bekommen wollen, nutzen diese Übung um sich auf die Meditation vorzubereiten.

**Normale Atemtechnik:** Beginne damit, Luft langsam durch die Nase einzuatmen und zähle bis 5. Lass dann die Luft entweichen, indem du von 3 an rückwärts bis 1 zählst. Du solltest diese Übung 6 bis 10 Mal wiederholen, bis du dich vollkommen entspannt fühlst und bereit bist, zu meditieren. Sportler sollten bei dieser Atemtechnik darauf achten, über die Nase einzuatmen und durch den Mund auszuatmen.

**Ausführlich schnelle Atemtechnik:** Beginne damit, Luft langsam durch die Nase einzuatmen und zähle bis 10. Lass dann die Luft schnell über deinen Mund entweichen, indem du von 5 an rückwärts bis 1 zählst. Du solltest diese Übung 5 oder 6 Mal wiederholen, bis du dich vollkommen entspannt fühlst. Achte darauf, über die Nase einzuatmen und durch den Mund auszuatmen.

**Schnelle Atemtechnik vor einem Wettbewerb:** Beginne damit, Luft langsam durch die Nase einzuatmen und zähle bis 6. Lass dann die Luft in einem Atemzug über deinen Mund entweichen. Du solltest diese Übung 5 oder 6 Mal wiederholen, bis du dich vollkommen entspannt fühlst und bereit bist, dich zu fokussieren. Du kannst noch zwei letzte Durchgänge ausführen, in denen du 4 Sekunden einatmest und 4 Sekunden ausatmest. Dies stabilisiert deine Atmung und gleicht das Verhältnis von eingeatmeter und ausgeatmeter Luft aus.

Alle diese Atemtechniken wirken leistungssteigernd und können während eines Wettbewerbs durchgeführt werden – abhängig von deinem Energie- und Nervositätszustand.

Sportler, die vor Wettbewerben nervös werden, sollten diese Atemtechniken ausprobieren.

Sportler, die vor einem Wettkampf Energie benötigen, sollten ebenfalls diese Atemtechniken einüben.

Im Falle von innerer Unruhe, erzielt eine Kombination aus langsamen Atemtechniken gefolgt von Schnelleren optimale Ergebnisse.

Während Trainingseinheiten oder eines Wettbewerbs oder aber wenn du dich erschöpft fühlst bzw. außer Atem bist, verwende die normale, schnelle Atemtechnik, damit du dich schneller erholst.

Atemtechniken eignen sich hervorragend um deine Intensität zu steigern, mit der du Energie sparen kannst und dich schneller erholst.

## KAPITEL 6: ERNÄHRUNG UND MEDITATION FÜR KRAFTSPRORTLER

Um durch Meditation die bestmöglichen Ergebnisse zu erzielen, ist eine ausgewogene Ernährung sehr bedeutsam. Meditation ist ein Teil eines kollektiven Ziels um dich selbst zu verbessern und die richtige Ernährung wird dir dabei helfen, dieses Ziel zu erreichen. Das richtige Essen sorgt für einen hohen und lang andauernden Energieschub. Dieser hilft dir dabei, über einen längeren Zeitraum hinweg fokussiert zu bleiben. Fettarme Proteine, Omegafettsäuren, Gemüse und Wasser sind die besten Mahlzeiten, die du vor einer Meditation zu dir nehmen solltest. In Abhängigkeit von deinem Kalorienbedarf solltest du diese zudem in einer ausreichenden Menge zu dir nehmen.

Wenn sich zu viel Zucker in deinem Blutstrom befindet, lässt dich das während oder nach der Meditation zusammenbrechen. Das Gleiche passiert bei einem Wettbewerb. Raffinadezucker solltest du daher meiden. Verzichte außerdem auf große Mahlzeiten, die dir ein Völlegefühl bereiten. Dies hindert dich an der Meditation und macht dich schläfrig. Zu kleine Mahlzeiten dagegen machen dich hungrig und verkürzen daher deine Meditations-Sitzung. Dadurch kannst du deine Ergebnisse nicht maximieren.

Wenn du 60-75 Minuten vor der Meditation etwas isst, ist die Zeit mehr als ausreichend um das Ganze zu verdauen und ordentlich meditieren zu können.

**Fettarme Proteine**

Fettarme Proteine sind sehr wichtig um Muskeln aufzubauen. Sie helfen außerdem den Hormongehalt im Körper zu normalisieren, was dir erlaubt, deine Stimmung und dein Temperament besser zu kontrollieren. Die besten, fettarmen Proteine sind:

- Putenbrust (Bio wenn möglich).
- Magere, rotes Fleisch (ebenfalls Bio wenn möglich)
- Eiweiß
- Die meisten Milchprodukte
- Hühnerbrust (Bio)
- Hirse
- Nüsse (alle Sorten)

**Omegafettsäuren**

Omegafettsäuren sind wichtig für den Erhalt deiner Körperfunktionen, insbesondere deines Gehirns. Omegafettsäuren kommen häufig vor in:

- Lachs (vor allem Wildlachs)

- Walnüssen (ein leichter Snack für zwischendurch)
- Leinsamen (Mische sie in jeden Shake)
- Sardinen

Du wirst bemerken, dass dein Gehirn besser arbeitet und sich deine gesamte Gesundheit verbessert. Dein Immunsystem wird ebenfalls stärker, was deine Chance nicht an Krebs, Diabetest und anderen gesundheitlichen Probleme zu erkranken verringert.

## Gemüse und Salat

Gemüse und Salat wird oftmals nicht die erforderliche Bedeutung beigemessen. Such dir eine Gemüsesorte aus, die dir schmeckt und nimm sie in deinen Ernährungsplan auf. Es wird sich im Laufe der Jahre auszahlen. Wenn du hörst, wie Menschen sich darüber unterhalten, wie wichtig eine ausgeglichene Diät ist, beziehen sie sich auch auf Gemüse. Einige der besten Salat- oder Gemüsesorten, die einen Platz in deiner täglichen Ernährung einnehmen sollten, sind:

- Tomaten
- Karotten
- Rote Beete
- Grünkohl
- Spinat

- Kohl
- Petersilie
- Broccoli
- Rosenkohl
- Kopfsalat
- Radieschen
- Grünne, rote und gelbe Paprika
- Gurke
- Aubergine
- Avocado

Achte auf eine große Varianz der Farben, um sicher zu gehen, dass du verschiedene Vitamine und Mineralien aufnimmst.

## Früchte

Früchte beinhalten eine große Menge an Vitaminen, die wichtig für deinen Körper sind, damit dieser Höchstleistungen vollbringt. Antioxidantien helfen deinem Körper, sich schneller zu erholen. Das ist insbesondere für Sportler sehr bedeutsam. Achte daher nach dem Training oder dem Wettbewerb darauf, viele Früchte zu essen, die reich an Antioxidantien sind. Früchte sind eine wichtige Ernährungsquelle und helfen zudem dabei, Essen schneller zu verdauen. Einige Früchte, die du vor Beginn der Meditation essen solltest, sind:

- Äpfel (grüne und rote)
- Orangen
- Trauben (grüne und rote)
- Bananen
- Grapefruit (etwas sauer, aber reich an Antioxidantien)
- Zitronen und Limetten (In Form von Saft und gemischt mit Wasser. Ich frage oft nach Wasser und einigen Zitronenscheiben, wenn ich auswärts esse. Diese stecken ebenfalls voller Antioxidantien)
- Kirschen (natürliche, nicht die in Zucker eingelegten)
- Mandarinen
- Wassermelone
- Cantaloupe-Melone

**Wasser**

Wasser wird häufig übergangen und die meisten Menschen trinken nicht genug davon. Fruchtsäfte und Milch zählen nicht, wenn du die Anzahl an Wassergläsern, die du täglich trinkst, angeben sollst. Abhängig von der Menge des kardiovaskulären Trainings, das du machst, sollte die tägliche Wassermenge über der gewöhnlich empfohlenen liegen. Die meisten Menschen sollten mindestens 8 Gläser Wasser pro Tag trinken, aber Sportler mindestens 10 14 Gläser.

Seitdem ich meine Wasserflasche immer bei mir habe, erreiche ich das mir selbst gesteckte Ziel von 3,5 Liter Wasser pro Tag. Dies hat meine Gesundheit signifikant verbessert.

Einige Nutzen, die ich daraus gezogen habe, sind:

- Weniger oder gar keine Kopfschmerzen (dem Gehirn steht genügend Wasser zur Verfügung)
- verbesserte Verdauung
- weniger Ermüdungserscheinungen am Tag
- mehr Energie am Morgen
- eine verringerte Anzahl an Falten
- Keine Krämpfe oder andere Anzeichen für Muskelzerrungen (das ist ein weit verbreitetes Problem unter vielen Sportler)
- Bessere Konzentration (davon profitierst du beim Meditieren)
- Ein verringertes Verlangen nach Süßigkeiten oder Snacks zwischen den Mahlzeiten

# BEISPIELE FÜR ESSENSREZEPTE VOR EINER MEDITATION

Hier sind einige Beispiele für Essensrezepte für Sportler, die du vor einer Meditation ausprobieren kannst. Du kannst natürlich ganz nach deinem Belieben die Größe der Portion oder die verwendeten Zutaten ändern.

**WENN DU NACH DEM FRÜHSTÜCK MEDITIERST**

1.  Schnellstarter-Frühstück

Reiß deinen Körper mit diesem proteinreichen, kohlenhydratreichen und im Ofen zubereiteten Frühstück aus einem katabolischen Zustand und hinein in einen Muskel aufbauenden. Die Grapefruit und der Spargel versorgen dich mit der Hälfte des täglichen Vitamin C Bedarfs.

Zutaten (1Protion):

6 Eiweiße

½ Tasse gekochte Hirse und brauner Reis

3 Spargelspitzen, geschnitten

½ pinke Grapefruit

1 kleine rote Paprikaschote, geschnitten

1 Prise geschmackneutrales Weizenproteinpulver

1 Knoblauchzehe, gepresst

Olivenöl-Spray

Pfeffer, Salz

Zubereitungszeit: 10 min

Kochzeit: 15-20 min

Zubereitung:

Heiz den Ofen auf 200°C Umluft /Gas 6 vor. Besprüh eine gusseiserne Backform mit etwas Olivenöl.

Verquirle in einer mittelgroßen Schüssel die Eier mit etwas Salz und Pfeffer, bis sie schaumig sind.

Gib die gekochte Hirse-brauner Zucker-Mischung in die Backform. Füge zuerst das Eiweißpulver und anschließend die Spargel- und Paprika-Stücke den Eiern hinzu.

Backe das Ganze im Ofen für 15 bis 20 Minuten oder bis die Eier gekocht sind.

Nährwert pro Portion: 407kcal, 52g Proteine, 40g Kohlenhydrate (5g Ballaststoffe, 8g Zucker), 2g Fette, 15%

Calcium, 12% Eisen, 19% Magnesium, 26% Vitamin A, 63% Vitamin C, 48% Vitamin K, 12% Vitamin B1, 69% Vitamin B2, 26% Vitamin B9.

## 2. Schüssel voller Kraft

Ein Frühstück mit einem angepassten Namen, die Schüssel voller Kraft kombiniert proteinreiche Eier mit energiegeladenen Haferflocken. Die Walnüsse fügen dem Ganzen gesunde Fette und die Honigspritzer ein Hauch von Süße hinzu.

Zutaten (1 Portion):

6 Eiweiße

½ Tasse instant-Haferflocken, gekocht

1/8 Tasse Walnüsse

¼ Tasse Beeren

1 Teelöffel Naturhonig

Zimt

Zubereitungszeit: 10 min

Kochzeit: 5 min

Zubereitung:

Verquirle die Eiweiße, bis sie schaumig sind und koche sie in einer Bratpfanne bei mittlerer Hitze.

Vereine die Haferflocken und die Eiweiße in einer Schüssel. Füge Zimt und Naturhonig hinzu und vermische alles.

Garnier das Ganze mit Beeren, Bananen und Walnüssen.

Nährwert pro Portion: 344kcal, 30g Proteine, 33g Kohlenhydrate (3g Ballaststoffe, 23g Zucker), 11g Fette (2 gesättigte), 10% Eisen, 15% Magnesium, 10% Vitamin B1, 11% Vitamin B2, 15% Vitamin B5.

### 3. Mit Thunfisch gefüllte Paprikaschote

Das ist ein schnelles und nahrhaftes Rezept, das eine enorme Summe an B12 liefert. Da Thunfisch voller Proteine ist, ist es eine exzellente Option für ein Frühstück, das Muskeln aufbaut. Wenn du willst, füge einige Kohlehydrate zu deiner Mahlzeit hinzu, ein Stück Vollkorn-Toast ist eine gute Wahl.

Zutaten (2 Portionen):

2 Dosen Thunfisch in Wasser (185g), halb getrocknet

3 hartgekochte Eier

1 Frühlingszwiebel, fein gehackt

5 kleine Essiggurken, gewürfelt

Salz, Pfeffer

4 Paprika, halbiert, von Kernen befreit

Zubereitungszeit: 5 min

Kochzeit: 10 min

Zubereitung:

Gib den Thunfisch, die Eier, die Frühlingszwiebeln, die Essiggurken und die Gewürze in einen Mixer und vermische sie, bis sie flüssig sind.

Füll die Paprikahälften mit der Mischung und serviere sie.

Nährwert pro Portion: 480kcal, 46g Proteine, 16g Fette (4g gesättigt), 8g Kohlehydrate (2g Ballaststoffe, 4g Zucker), 28% Magnesium, 94% Vitamin A, 400% Vitamin C, 12% Vitamin E, 67% Vitamin K, 18% Vitamin B1, 32% Vitamin B2, 90% Vitamin B3, 20% Vitamin B5, 56% Vitamin B6, 18% Vitamin B9, 84% Vitamin B12.

## 4. Griechischer Joghurt mit Leinsamen und Äpfeln

Mach Schluss mit dem traditionellen Eiweiß-Muskelbildner-Frühstück und versuche eine proteinreichen griechischen Joghurt, der mit Äpfeln verfeinert wurde. Verwende ganze Leinsamen um deinen Ballaststoff-Einnahme zu maximieren und lege sie über Nacht in Wasser ein. Dadurch werden sie weich und leicht verdaulich.

Zutaten (1 Portion):

1 Tasse griechischer Joghurt

1 Apfel, dünn geschnitten

2 Esslöffel Leinsamen

¼ Teelöffel Zimt

1 Teelöffel Honigkraut

Eine Prise Salz

Zubereitungszeit: 5 min

Kochzeit: 45 min

Zubereitung:

Heize den Ofen auf 190°C Umluft/Gas 5 vor. Gib den geschnittenen Apfel in eine teflonbeschichtete Pfanne, streu Zimt, Honigkraut und eine Prise Salz darüber. Leg den Deckel auf die Pfanne und backe das Ganze für 45 Minuten bzw. bis er weich ist. Nimm sie aus dem Ofen und lass sie 30 Minuten auskühlen.

Gib den griechischen Joghurt in eine Schüssel und füge die Äpfel und Leinsamen dazu. Serviere das Gericht anschließend.

Nährwert pro Portion: 422kcal, 22g Proteine, 39g Kohlehydrate (7g Ballaststoffe, 22 g Zucker), 21g Fette (8 g gesättigt), 14% Calcium, 22% Magnesium, 14% Vitamin C, 24% Vitamin B1, 13% Vitamin B12.

## 5. Paprikaringe mit `fitter Maisgrütze`

Ein leckeres und besonders aussehendes Gericht, die Paprika-Ringe mit 'fitter Maisgrütze' heizt deine Muskeln an und stärkt sie über den Tag hinweg. Voller Farbe und Nährstoffe ist dieses Frühstück reich an Vitamin B1.

Zutaten (1 Portion):

6 Eiweiße

2 Eier

¼ Tasse brauner Farina-Reis

1 Tasse frischer Spinat

½ grüne Paprika

1 Tasse Kirschtomaten

Olivenöl-Spray

Salz, Pfeffer

Zubereitungszeit: 10 min

Kochzeit: 15 min

Zubereitung:

Verquirle das Eiweiß mit einer Prise Salz und Pfeffer, bis es schaumig ist. Erhitze Öl in einer teflonbeschichteten Pfanne und koche die Eiweiße sowie den Farina-Reis. Gib Spinat dazu, vermisch alles und koche es, bis der Spinat gewellt ist.

Sprühe etwas Olivenöl in eine Bratpfanne und erhitz es auf mittlerer Stufe. Schneide die Paprika horizontal in 2 Ringe, gib sie in die Bratpfanne und zerbrich die Eier in den Paprika. Lass sie kochen, bis die Eier weiß werden.

Stell die Eier-Farina-Mischung und die gekochten Paprikaringe auf eine Platte und servier das Ganze mit Kirschtomaten.

Nährwert pro Portion: 495kcal, 45g Proteine, 45g Kohlehydrate (3g Ballaststoffe, 7g Zucker), 11g Fette (3g gesättigt), 9% Calcium, 14% Eisen, 20% Magnesium, 35% Vitamin A, 32% Vitamin C, 91% Vitamin B2, 22% Vitamin B5, 12% Vitamin B6, 15% Vitamin B12.

## 6. Mandelmilch-Smoothie

10 Minuten sind alles, was du brauchst um diesen Vitamin D und B1 reichen Mandelmilch-Smoothie zuzubereiten. Du kannst eine große Kanne davon zubereiten und den Rest im Gefrierschrank aufbewahren. Damit machst du diesen Smoothie zu einer perfekten Wahl für ein schnelles Frühstück to go.

Zutaten (2 Zutaten):

1 Tasse Mandelmilch

1 Tasse gefrorener Beeren

1 Tasse Spinat

1 Portion Proteinpulver mit Bananengeschmack

1 Esslöffel Chia-Salbei

Zubereitungszeit: 10 min

Keine Kochzeit

Zubereitung:

Gib alle Zutaten in einen Mixer, bis sie flüssig sind. Schütte zwei Gläser aus und serviere den Smoothie.

Nährwert pro Portion: 295kcal, 26g Proteine, 32g Kohlehydrate (4g Ballaststoffe, 13g Zucker), 9g Fette, 40% Calcium, 20% Eisen, 12% Magnesium, 50% Vitamin A, 40% Vitamin C, 25% Vitamin D, 57% Vitamin E, 213% Vitamin B1, 18% Vitamin B9.

## 7. Kürbiskuchen-Protein-Pfannkuchen

Vergiss Fluor und versuche Hafer-Pfannkuchen mit einer geschmackvollen Note von frischem Kürbis. Top das Ganze mit einer kalorienarmen Sirup und genieße ein proteinreiches Frühstück, das genauso gut schmeckt wie ein weizenhaltiges.

Zutaten (1 Portion :

1/3 Tasse Hafer

¼ Tasse Kürbis

½ Tasse Eiweiß

1 Prise Zimt-Proteinpulver

½ Teelöffel Zimt

Olivenöl-Spray


Zubereitungszeit: 5 min

Kochzeit: 5 min


Zubereitung:

Gib alle Zutaten zusammen in eine Schüssel. Besprüh eine mittelgroße Bratpfanne mit Olivenöl. Stelle sie anschließend bei mittlerer Hitze auf den Herd.

Gib den Teig in die Pfanne, und wende ihn, sobald sich dünne Blasen auf dem Pfannkuchen bilden. Wenn jede Seite goldbraun ist, nimm den Pfannkuchen heraus und serviere ihn.

Nährwert pro Portion: 335kcal, 39g Proteine, 37g Kohlehydrate (6g Ballaststoffe, 1 g Zucker), 6g Fette, 14% Calcium, 15% Eisen, 26% Magnesium, 60% Vitamin A, 26% Vitamin B1, 37% Vitamin B2, 10% Vitamin B5, 31% Vitamin B6.

## 8. Proteinreiche Haferflocken

Eine herzhafte Mahlzeit mit vielen Kohlenhydraten, die dich für Stunden gesättigt sein lassen, während Proteinpulver und Mandeln für einen proteinreichen Start in den Tag sorgen. Wenn du deine Haferflocken mit einem fruchtigen Geschmack bevorzugst, verwende Proteinpulver mit Bananengeschmack.

Zutaten (1 Portion):

2 Pakete instant-Haferflocken (28g je Paket)

¼ Tasse gemahlener Mandeln

1 Prise Molkenproteinpulver mit Vanille-geschmack

1 Esslöffel Zimt

Zubereitungszeit: 5 min

Kochzeit: 5 min

Zubereitung:

Gib die Instant-Haferflocken in eine Schüssel, vermische sie mit Proteinpulver und Zimt. Füge heißes Wasser hinzu und rühre alles um. Kröne das Ganze mit gemahlenen Mandeln und serviere es.

Nährwert pro Portion: 436kcal, 33g Proteine, 45g Kohlehydrate (10g Ballaststoffe, 4g Zucker), 15g Fette (1g gesättigt), 17% Calcium, 19% Eisen, 37% Magnesium, 44% Vitamin E, 21% Vitamin B1, 21% Vitamin B2.

## 9. Proteinbepacktes Gerangel

Füttere deine Muskeln und vollziehe ein intensives Workout mit dieser 51g Proteinmahlzeit. Diese Rühreier mit Gemüse und Truthahn-Sauce haben den erheblichen Vorteil, dass sie vollgeladen sind mit Kohlehydraten und zudem noch einer hohen Anzahl an Vitaminen.

Zutaten (1 Portion):

8 Eiweiße

2 Würfel Truthahn-Sauce, zerkleinert

1 große Zwiebel, gewürfelt

1 Tasse roter Paprika, gewürfelt

2 Tomaten, gewürfelt

2 Tasse frischer Spinat, gehackt

1 Teelöffel Olivenöl

Salz und Pfeffer

Zubereitungszeit: 10 min

Kochzeit: 10-15 min

Zubereitung:

Verquirle die Eiweiße mit einer Prise Salz und Pfeffer, bis sie schaumig sind. Stell sie dann zur Seite.

Erhitze das Öl in einer teflonbeschichteten Pfanne, verteile die Zwiebeln und Pfeffer darauf und brate alles kurz im Fett an, bis sie weich sind. Würze alles mit Salz und Pfeffer. Füge die Truthahn-Sauce hinzu und koche alles, bis es goldbraun ist. Senke dann die Hitze und füge die Eiweiße hinzu. Rühre alles um.

Wenn die Eier fast fertig sind, gib die Tomate und den Spinat dazu. Koche alles 2 Minuten und serviere es.

Nährwert pro Portion: 475kcal, 51g Proteine, 37g Kohlehydrate (10g Ballaststoffe, 18g Zucker), 10g Fette (2g gesättigt), 14% Calcium, 23% Eisen, 37% Magnesium, 255% Vitamin A, 516% Vitamin C, 25% Vitamin E, 397% Vitamin K, 22% Vitamin B1, 112% Vitamin B2, 29% Vitamin B3, 19% Vitamin B5, 51% Vitamin B6, 65% Vitamin B9.

## 10. Früchte-Erdnussbutter-Smoothie

Welche bessere Art gibt es um deine täglichen Calcium-Bedarf zu decken als mit diesem Smoothie in Erdbeer-Geschmack? Reich an Mineralien, Vitaminen, Proteinen und Energie entfachenden Kohlehydraten ist dieser Smoothie die perfekte Art und Wiese für einen schnellen Start in den Tag.

Zutaten (1 Portion):

15 mittelgroße Erdbeeren

1 1/3 Esslöffel Erdnussbutter

85g Tofu

½ Tasse fettfreier Joghurt

¾ Tasse fettreduzierte Milche

1 Portion Proteinpulver

8 Eiswürfel


Zubereitungszeit: 5min

Keine Kochzeit

Zubereitung:

Gieße die Milch in einen Mixer, anschließend den Joghurt und die restlichen Zutaten. Verrühr alles, bis die Mischung komplett vermengt und schaumig ist. Füll es in ein Glas und serviere es.

Nährwert pro Portion: 472kcal, 45g Proteine, 40g Kohlehydrate (6g Ballaststoffe, 31g Zucker), 13g Fette (4g gesättigt), 110% Calcium, 35% Eisen, 27% Magnesium, 30% Vitamin A, 190% Vitamin C, 11% Vitamin E, 13% Vitamin B1, 24% Vitamin B2, 10% Vitamin B5, 18% Vitamin B6, 17% Vitamin B9, 12% Vitamin B12.

### 11. Molkenprotein-Muffins

Mit einer gesunden Dosis an Hafer und einem schokoladigen Geschmack von Molkenprotein-pulver sind diese Muffins eine wahre Frühstücks-Alternative zum gewöhnlichen Hafer. Gepaart mit einem Glas Milch stellt diese Mahlzeit sicher, dass du eine große Menge an Calcium und Vitamin D zu dir nimmst – nicht zu vergessen die netten Proteine und Kohlehydrate.

Zutaten (4 Muffins-2 Portionen):

1 Tasse kernige Haferflocken

1 großes, ganzes Ei

5 große Eiweiße

½ Portion Molkenproteinpulver in Schokoladen-geschmack

Olivenöl-Spray

2 Tassen fettreduzierte Milch, zum Servieren


Zubereitungszeit: 2 min

Kochzeit: 15 min

Zubereitung:

Heiz den Ofen auf 190 °C Umluft/ Gas 5 vor.

Mixe alle Zutaten zusammen für 30 Sekunden. Besprüh die Muffin-Form leicht mit Olivenöl und befülle vier Förmchen. Stell die Form für 15 Minuten in den Backofen.

Nimm die Muffins aus dem Ofen, lass sie auskühlen und serviere sie mit einem Glas Milch.

Nährwert pro Portion (inklusive Milch): 330kcal, 28g Proteine, 37g Kohlehydrate (9g Ballaststoffe, 13g Zucker), 6g Fette (5g gesättigt), 37% Calcium, 22% Eisen, 19% Magnesium, 12% Vitamin A, 34% Vitamin D, 44% Vitamin B1, 66% Vitamin B2, 25% Vitamin B5, 11% Vitamin B6, 24% Vitamin B12.

## 12. Geräucherter Lachs und Avocado mit Toast

Bist du gerade auf dem Weg zu einem anstrengenden Workout und hast keine Zeit? Es dauert nur 5 Minuten, dieses schmackhafte Frühstück zusammen zu stellen. Sowohl Lachs als auch Avocado sind reich an gesunden Säuren. Diese Mahlzeit hat genug Proteine und Kohlehydrate, damit du motiviert bleibst.

Zutaten (2 Portionen):

300g geräucherter Lachs

2 mittelgroße, reife Avocados, entkernt und geschält

Saft von einer ½ Zitrone

Eine Hand voll Estragon-Blätter, gehackt

2 Scheiben Vollkornbrot, getoastet

Zubereitungszeit: 5 min

Keine Kochzeit

Zubereitung:

Schneide die Avocados in Stücke und press den Zitronensaft aus. Rolle und falte die Scheiben geräucherter

Lachs, lege sie auf Servierplatten, bestreue sie mit Avocado und Estragon. Serviere das Ganze mit einer Scheibe Vollkorntoast.

Nährwert pro Portion: 550kcal, 34g Proteine, 37g Kohlehydrate (12g Ballaststoffe, 4g Zucker), 30g Fette (5g gesättigt), 17% Eisen, 24% Magnesium, 25% Vitamin C, 27% Vitamin E, 42% Vitamin K, 16% Vitamin B1, 24% Vitamin B2, 55% Vitamin B3, 35% Vitamin B5, 40% Vitamin B6, 35% Vitamin B9, 81% Vitamin B12.

## 13. Kohlenhydratarme 'Pizza'

Vergiss die kalorienreichen und nur wenig nahrhaften Pizzastücke und ersetze sie durch leckere Dinge. Gesund und lecker – für dieses Gericht, das reich an Proteinen, Mineralien und Vitaminen ist, braucht man nur 20 Minuten

Zutaten (1 Portion):

1 kleines, ganzes Weizenbrot

3 Eiweiße

1 Ei

¼ Tasse fettreduzierten Mozzarella

1 Frühlingszwiebel, geschnitten

¼ Tasse Pilze, gewürfelt

¼ Tasse Paprika, gewürfelt

2 Scheiben Putenschinken, gewürfelt

1 Teelöffel Olivenöl

Salz und Pfeffer

Zubereitungszeit: 10 min

Kochzeit: 10 min

Zubereitung:

Verrühre die Eier mit einer Prise Salz und Pfeffer. Füge das geschnittene Gemüse hinzu.

Falte die Enden des Weizenbrotes so um, das seine Schüssel entsteht. Pinsel beide Seiten mit Olivenöl ein und lege das Weizenbrot in den Ofen – mit der gewölbten Seite nach oben. Backe das Brot, bis es golden wird. Dreh es anschließend auf die andere Seite.

Gib die Eiermischung in das Weizenbrot und brate das Ganze erneut bis die Eier gar sind. Füge den Putenschinken, die Frühlingszwiebel und den Käse dazu. Backe alles bis der Käse geschmolzen ist. Serviere die Pizza anschließend.

Nährwert pro Portion: 350kcal, 33g Proteine, 12g Kohlenhydrate (3g Ballaststoffe, 4g Zucker), 15g Fette (6g gesättigte), 32% Calcium, 19% Eisen, 15% Magnesium, 36% Vitamin A, 88% Vitamin C, 72% Vitamin K, 21% Vitamin B1, 71% Vitamin B2, 22% Vitamin B3, 14% Vitamin B5, 21% Vitamin B6, 25% Vitamin B9, 29% Vitamin B12.

## 14. Mexikanisches Mocha-Frühstück

Garnier deine Lieblingstasse Haferflocken mit einer gesunden Zugabe von Mandelmilch und genieß ein schnell zubereitetes und Ballaststoff reiches Frühstück. Der Cayenne-Pfeffer ist perfekt, um deinen Haferflocken ein kleines Ahhhhh zuzufügen.

Zutaten (1 Portion):

½ Tasse kernige Haferflocken

1 Portion Schokolade-Proteinpulver

½ Esslöffel Zimt

½ Teelöffel Cayenne-Pfeffer

1 Tasse ungesüßte Mandelmilch

1 Esslöffel ungesüßtes Kakaopulver

Zubereitungszeit: 5 min

Kochzeit: 3 min

Zubereitung:

Mische alle Zutaten in einer Mikrowellen geeigneten Schüssel. Erhitze alles für 2,5 bis 3 Minuten in der Mikrowelle und serviere es.

Nährwert pro Portion: 304kcal, 27g Proteine, 38g Kohlehydrate (8g Ballaststoffe, 3g Zucke), 7g Fette, 32% Calcium, 15% Eisen, 25% Magnesium, 10% Vitamin A, 25% Vitamin D, 51% Vitamin E, 12% Vitamin B1.

## 15. Heidelbeer-Zitronen-Pfannkuchen (jeder Zeit)

Ein warmes und sättigendes Frühstück – dieser Heidelbeer-Pfannkuchen mit Zitronengeschmack ist eine einfache und geschmackvolle Art, die stärkende Mahlzeit zu erhalten, die du brauchst, um in den Tag zu starten. Gib einen Esslöffel griechischer Joghurt auf deinen Pfannkuchen, wenn du magst.

Zutaten (1 Portion):

1/3 Tasse Haferkleie

5 Eiweiße

½ Tasse Heidelbeeren

1 Portion geschmackloses Molkenproteinpulver

½ Teelöffel Back-Natron

1 Teelöffel geriebene Zitronenschale

1 Esslöffel Zitronensaft

Olivenöl-Spray

Zubereitungszeit: 5 min

Kochzeit: 5 min

Zubereitung:

Vermenge alle Zutaten in einer großen Schüssel, mische sie und rühre sie um, bis sie geschmeidig sind.

Koche den Teig in einer eingefetteten Pfanne bei mittlerer Temperatur, bis sich Blasen auf der Oberfläche bilden. Wende ihn und brate jede Seite, bis sie goldbraun ist. Nimm den Pfannkuchen heraus und serviere ihn.

Nährwert pro Portion: 340kcal, 47g Proteine, 37g Kohlehydrate (6g Ballaststoffe, 14g Zucker), 5g Fette, 10% Eisen, 25% Magnesium, 12% Vitamin C, 19% Vitamin K, 26% Vitamin B1, 58% Vitamin B2.

## MITTAGESSEN VOR DER MEDITATION

16.  Mediterraner Reis

Verwandle die langweilige Thunfisch-Dose in ein leckeres Gericht, das der perfekte Start für einen Nachmittag voller Übungen ist. Die hohe Menge an Kohlehydraten wird dir genügend Energie für dein Workout liefern und die Proteine stellen sicher, dass deine Muskeln nach der Anstrengung wieder zu Kräften kommen.

Zutaten (1 Portion):

1 Dose Thunfisch in Öl, abgeschöpft

100g brauner Reis

¼ Avocado, gewürfelt

¼ rote Zwiebel, geschnitten

Saft von ½ Zitrone

Salz und Pfeffer

Zubereitungszeit: 5 min

Kochzeit: 20 min

Zubereitung:

Erhitze den braunen Reis für ungefähr 20 Minuten und gib ihn anschließend in eine Schüssel mit Zwiebeln, Thunfisch und Avocado. Füg den Zitronensaft hinzu und vermische alle Zutaten. Würze alles mit Salz und Pfeffer, schmecke es ab und serviere es.

Nährwert pro Portion: 590kcal, 32g Proteine, 80g Kohlehydrate (7g Ballaststoffe, 1g Zucker), 14g Fette (5g gesättigt), 22% Eisen, 52% Magnesium, 101% Vitamin D, 18% Vitamin E, 107% Vitamin K, 32% Vitamin B1, 134% Vitamin B3, 26% Vitamin B5, 39% Vitamin B6, 15% Vitamin B9, 63% Vitamin B12.

## 17. Scharfes Huhn

Huhn ist perfekt für eine proteinreiche, Muskel aufbauende Mahlzeit. Reich an Nährstoffen kann diese einfache und leckere Mahlzeit mit einer Kohlenhydrat-Beilage deiner Wahl kombiniert werden.

Zutaten (2 Portionen):

3 knochenfreie Hühner-Brüste, halbiert

175g fettreduzierter Joghurt

5cm breite Stücke Gurke, fein gehackt

2 Esslöffel Thai rote Currypaste

2 Esslöffel Koriander, gehackt

2 Tassen frischer Spinat, als Beilage

Zubereitungszeit: 5 min

Kochzeit: 35-40 min

Zubereitung:

Heiz den Backofen auf 190°C Umluft/Gas 5 vor. Leg das Huhn eben in eine Schüssel. Misch ein Drittel des Joghurts mit der Currypaste und zwei Drittel Koriander, füge Salz und Pfeffer dazu und gieß alles über das Huhn. Stell sicher, dass das Fleisch gleichmäßig bedeckt ist. Lass es 30 Minuten ziehen (oder stell es über Nacht in den Kühlschrank)

Steck das Huhn auf eine Grillstange in einer Bratform und brate es 35 bis 40 Minuten, bis es goldbraun ist.

Erhitze Wasser in einer Pfanne und lass den Spinat sich darin zusammenfalten.

Mische den restlichen Joghurt und Koriander, füge Gurke dazu und rühre alles um. Gieß die Mischung auf das Huhn und serviere es mit dem gekochten Spinat.

Nährwert pro Portion: 275kcal, 43g Proteine, 8g Kohlehydrate (1g Ballaststoffe, 8g Zucker, 3g Fette (1g gesättigt), 20% Calcium, 15% Eisen, 25% Magnesium, 56% Vitamin A, 18% Vitamin C, 181% Vitamin K, 16% Vitamin B1, 26% Vitamin B2, 133% Vitamin B3, 25% Vitamin B5, 67% Vitamin B6, 19% Vitamin B9, 22% Vitamin B12.

## 18. Gefüllte Eier mit Pita-Brot

Decke deinen Bedarf an Omega-3-Fettsäuren mit diesem lachshaltigen Gericht. Reich an Vitaminen und Mineralien ist es eine großartige Art und Wiese, um dich mit Energie aufzutanken und gestärkt durch den Tag zu gehen.

Zutaten (2 Portionen):

1 in Wasser eingelegter Lachs aus der Dose (450g)

2 Eier

1 große Frühlingszwiebel, fein geschnitten

2 große Blätter Kopfsalat

10 Kirschtomaten

1 Esslöffel griechischer Joghurt

1 großes Vollkorn-Fladenbrot, halbiert

Meersalz und Pfeffer

Zubereitungszeit: 10 min

Kochzeit: 10 min

Zubereitung:

Koch die Eier, schäle sie und halbiere sie. Entferne anschließend den Eidotter und lege sie in eine Schüssel.

Gib den Lachs aus der Dose in die Schüssel sowie 1 Esslöffel Joghurt, die Frühlingszwiebel und Gewürze. Vermische alle Zutaten und fülle die Eier damit. Serviere das Fladenbrot gefüllt mit Kopfsalat und Tomaten.

Nährwert pro Portion: 455kcal, 45g Proteine, 24g Kohlenhydrate (3g Ballaststoffe, 2g Zucker), 36g Fette (10g gesättigt), 59% Calcium, 22% Eisen, 21% Magnesium, 30% Vitamin A, 24% Vitamin C, 43% Vitamin K, 11% Vitamin B1, 36% Vitamin B2, 60% Vitamin B3, 20% Vitamin B5, 41% Vitamin B6, 20% Vitamin B9, 20% Vitamin B12.

## 19. Chicken Caesar Wraps

Diese Chicken Wraps ergeben eine großartige, tragbare Mahlzeit, die sicherstellt, dass dein Proteinlevel während des ganzen Tages hoch ist. Gib etwas Baby-Spinat dazu und mach daraus ein grüneres Gericht.

Zutaten (1 Portion):

85g Hühnerbrust, gebacken

2 ganze Vollkorn-Tortillas

1 Tasse Kopfsalat

50g fettfreier Joghurt

1 Teelöffel Anchovis-Paste

1 Teelöffel trockenes Senfpulver

1 Knoblauchzehe, gekocht

½ mittelgroße Gurke, gewürfelt

Zubereitungszeit: 5 min

Keine Kochzeit

Zubereitung:

Kombiniere die Anchovis-Paste mit dem Knoblauch und dem Joghurt, rühre um und gib Kopfsalat und die Gurken dazu. Teile die Mischung in 2 Hälften und streich sie auf die Tortillas. Leg anschlie0end das halbe Huhn in jede Tortilla. Wickel es ein und serviere es.

Nährwert pro Portion (2 Tortillas): 460kcal, 41g Proteine, 57g Kohlehydrate (7g Ballaststoffe, 9g Zucker), 10g Fette (2g gesättigt), 11% Calcium, 22% Vitamin K, 13% Vitamin B2, 59% Vitamin B3, 12% Vitamin B5, 29% Vitamin B6, 10% Vitamin B12.

## ABENDESSEN VOR EINER MEDITATION

20.  Gebackter Lachs mit gegrilltem Spargel

Ein klassisches Gericht, das durch eine Zitronenmarinade und Senf interessanter gemacht wurde. Der gegrillte Lachs passt hervorragend zu den in Knoblauch eingelegten Spargelspitzen. Behandle dich selbst mit einer großartigen Kombination aus Proteinen und Vitaminen.

Zutaten (1 Portion):

140g Wildlachs

1 ½ Tasse Spargel

Marinade:

1 Esslöffel Knoblauch, fein geschnitten

1 Esslöffel Dijon Senf

Saft vom ½ Zitrone

1 Teelöffel Olivenöl

Vorbereitungszeit: 5 min

Kochzeit: 15 min

Zubereitung:

Heiz den Backofen auf 200°C Umluft/Gas 6 vor.

Mische in einer Schüssel den Zitronensaft mit der Hälfte des Knoblauchs, Olivenöl und Senf. Gieß die Marinade über den Lachs und stell sicher, dass er komplett bedeckt ist. Stell den marinierten Lachs für mindestens eine Stunde in den Kühlschrank.

Schneide die Spargelspitzen ab. Stell eine teflonbeschichtete Pfanne auf mittlerer/starke Hitze auf. Lege den Spargel mit dem verbleibenden Knoblauch ein, wende den Spargel dazu auf beiden Seiten und lass ihn für etwa 5 Minuten ziehen.

Leg den Lachs auf Backpapier und backe ihn für 10 Minuten. Serviere ihn anschließend mit dem gegrillten Spargel.

Nährwert pro Portion: 350kcal, 43g Proteine, 7g Kohlehydrate (5g Ballaststoffe, 1 g Zucker), 16g Fette (1 gesättigt), 17% Eisen, 20% Magnesium, 48% Vitamin A, 119% Vitamin C, 17% Vitamin E, 288% Vitamin K, 39% Vitamin B1, 60% Vitamin B2, 90% Vitamin B3, 33% Vitamin B5, 74% Vitamin B6, 109% Vitamin B9, 75% Vitamin B12.

## 21. Pasta mit Hackbällchen und Spinat

Ein proteinreiches Pasta-Gericht macht das Beste aus der Paarung Rindfleisch und Spinat. Es steckt nicht nur rund um voller Vitamine, sondern es beinhaltet auch eine gesunde Menge an Magnesium, das die Muskelkontraktion reguliert.

Zutaten (2 Portionen):

Für die Hackbällchen:

170g fettarmes Hackfleisch vom Rind

½ Tasse frischer Spinat, zerkleinert

1 Esslöffel Knoblauch, fein geschnitten

¼ Tasse rote Zwiebel, geschnitten

1 Teelöffel Kümmel

Meersalz und Pfeffer

Für die Pasta:

100g Weizen-Spinat-Pasta

10 Kirschtomaten

2 Tasse frischer Spinat

¼ Tasse Marinara-Sauce

2 Esslöffel fettreduzierter Parmesan-Käse

Zubereitungszeit: 15 min

Kochzeit: 30 min

Zubereitung:

Heiz den Backofen auf 200°C Umluft/Gas 6 vor.

Mische das Hackfleisch, den frischen Spinat, den Knoblauch, die rote Zwiebel sowie Salz und Pfeffer nach Geschmack. Vermenge das Ganze mit den Händen, bis der Spinat völlig mit dem Fleisch vermischt ist.

Forme zwei oder drei Hackbällchen ungefähr gleicher Größe und leg sie für 10 bis 12 Minuten auf ein Backpapier in den Backofen.

Koch die Nudeln nach Packungsanweisung. Schütte das Nudelwasser ab und rühre die Tomaten, den Spinat und den Käse unter die Nudeln. Füg die Hackbällchen hinzu und serviere alles.

Nährwert pro Portion: 470kcal, 33g Proteine, 50g Kohlehydrate (6g Ballaststoffe, 5g Zucker), 12g Fette (5g gesättigt), 17% Calcium, 28% Eisen, 74% Magnesium, 104% Vitamin A, 38% Vitamin C, 11% Vitamin E, 361% Vitamin K, 16% Vitamin B1, 20% Vitamin B2, 45% Vitamin B3, 11% Vitamin B5, 45% Vitamin B6, 35% Vitamin B9, 37% Vitamin B12.

## 22. Gefüllte Hühnerbrust mit braunem Reis

Brauner Reis ist eine exzellente Art, qualitätsreiche Kohlehydrate in deine Ernährung einzubringen. Ergänz das mit einer proteinreichen Hühnerbrust und etwas Gemüse, dann hast du ein leckeres und energiereiches Mittagessen.

Zutaten (1 Portion):

170g Hühnerbrust

½ Tasse frischer Spinat

50g brauner Reis

1 Frühlingszwiebel, geschnitten

1 Tomate, geschnitten

1 Esslöffel Feta-Käse

Zubereitungszeit: 10 min

Kochzeit: 30 min

Zubereitung:

Heiz den Backofen auf 190°C Umluft/Gas 5 vor.

Schneide die Hühnerbrust in der Mitte durch, so dass sie aussieht wie ein Schmetterling. Würz das Huhn mit Salz und Pfeffer, öffne es anschließend und füll es mit Spinat, Feta-Käse und Tomaten-Stücke. Falte die Hühnerbrust und verwende einen Zahnstocher, damit alles zusammenhält. Backe die Hühnerbrust für 20 Minuten.

Erhitze den braunen Reis, füg Knoblauch hinzu und gehackte Zwiebel. Befülle eine Platte mit braunem Reis, lege das Huhn darauf und serviere alles.

Nährwert pro Portion: 469kcal, 48g Proteine, 46g Kohlehydrate (5g Ballaststoffe, 6g Zucker), 8g Fette (5g gesättigt), 22% Calcium, 18% Eisen, 38% Magnesium, 55% Vitamin A, 43% Vitamin C, 169% Vitamin K, 28% Vitamin B1, 28% Vitamin B2, 103% Vitamin B3, 28% Vitamin B5, 70% Vitamin B6, 23% Vitamin B9, 17% Vitamin B12.

## 23. Krabben und Zucchini-Linguine-Nudelsalat

Ein irreführendes Nudelgericht mit einer Portion zerkleinerter Zucchini und gedünsteten Krabben, die mit einem Hauch von Sesam verfeinert werden.
Diese Kombination der Zutaten macht ein leichtes Mittagessen aus mit einem hohen Gehalt an Proteinen.

Zutaten (1 Portion):

170g gedünstete Krabben

1 große Zucchini, geschnitten

¼ Tasse rote Zwiebel, geschnitten

1 Tasse Paprika, in Streifen

1 Esslöffel gebratene Tahini Butter

1 Teelöffel Sesamöl

1 Teelöffel Sesamsamen

Zubereitungszeit: 10 min

Keine Kochzeit

Zubereitung:

Schneide die Zucchini, indem du einen Zerkleinerer verwendest, um die Linguine frisch zuzubereiten.

Vermische Tahini und Sesamöl in einer Schüssel.

Gib alle Zutaten in eine große Schüssel, gieß die Tahini Sauce darüber und rühre alles um, um sicher zu gehen, dass alle Zutaten mit der Sauce bedeckt sind. Streu einige Sesamsamen hinein und serviere es.

Nährwert pro Portion: 420kcal, 45g Proteine, 26g Kohlehydrate (10g Ballaststoffe, 12g Zucker), 18g Fette (2g gesättigt), 19% Calcium, 47% Eisen, 48% Magnesium, 33% Vitamin A, 303% Vitamin C, 17% Vitamin E, 31% Vitamin K, 38% Vitamin B1, 36% Vitamin B2, 38% Vitamin B3, 13% Vitamin B5, 66% Vitamin B6, 35% Vitamin B9, 42% Vitamin B12.

## 24. Puten-Hackbällchen mit Vollkorn-Couscous

Diese Puten-Hackbällchen werden in einer Muffin-Form gebacken und stellen sicher, dass du deine gesättigte Fettsäure-Einnahme minimierst. Pepp sie etwas auf, indem du den Hackbällchen Paprika oder Pilze zufügst anstatt Zwiebel und würz sie mit etwas Bärlauch.

Zutaten (1 Portion):

140g mageres Puten-Hackfleisch

¾ Tasse rote Zwiebel, geschnitten

1 Tasse frischen Spinat

1/3 Tasse natriumarme Marinara-Sauce

½ Tasse Vollkorn-Couscous, gekocht

Gewürze deiner Wahl: Petersilie, Basilikum, Koriander

Pfeffer, Salz

Olivenöl-Spray

Zubereitungszeit: 5 min

Kochzeit: 20 min

Zubereitung:

Heiz den Ofen auf 200°C Umluft/Gas 6 vor.

Würz die Pute mit den Gewürzen deiner Wahl und gib die geschnittene Zwiebel dazu.

Sprüh die Muffin-Form leicht mit Olivenöl ein und leg die Pute in die Förmchen. Garniere jedes Puten-Hackbällchen mit 1 Esslöffel Marinara-Sauce, stell alles in den Backofen und back es 8 bis 10 Minuten.

Serviere das Ganze mit Couscous.

Nährwert pro Portion: 460kcal, 34g Proteine, 53g Kohlehydrate (4g Ballaststoffe, 7g Zucker), 12g Fette (4g gesättigt), 12% Calcium, 15% Eisen, 10% Magnesium, 16% Vitamin A, 15% Vitamin C, 11% Vitamin E, 16% Vitamin K, 11% Vitamin B1, 25% Vitamin B3, 16% Vitamin B6, 11% Vitamin B9.

# KAPITEL 7: DIE STÄRKE VON VISUALISIERUNGEN FÜR KRAFTSPORTLER

## Was bedeutet "visualisieren"?

Visualisierungen sind eine Grundvoraussetzung um dir das Bild von etwas, das du erreichen möchtest, in deinen Gedanken zu vergegenwärtigen. Du kannst damit alles tun, was du in einem Spiel machen willst – einzig und allein durch die Macht deiner Gedanken. Ein wichtiger Grundsatz ist: „Alles, was du siehst, kannst du erreichen."

Es gibt keine falsche und keine richtige Form der Visualisierung. Zunächst musst du einen bequemen Ort suchen: Setz dich oder mach es dir wie beim Meditieren auf einem Stuhl, einer Matte oder einem Handtuch bequem.

Wenn du visualisierst, dann hebst du die Meditation auf eine höhere Stufe. Viele Prozesse, die du durchläufst, ähneln denen der Meditation.

Es gibt viele verschiedene Formen der Visualisierung. Die drei bekanntesten sind motivationale Visualisierungen, Problem lösenden Visualisierungen und Ziel orientierte Visualisierungen.

Sportler aus ganz verschiedenen Bereichen nutzen Visualisierungen in de rein oder anderen Form, manchmal sogar, ohne dass sie es wissen. Einige visualisieren, wenn sie wach sind, was die häufigste Art der Visualisierung ist. Andere hingegen tun dies in ihren Träumen, ohne dass sie einen Einfluss auf deren Ausgang haben.

Wenn du visualisierst, beschwörst du Bilder oder mentale Videos, von Dingen, die du sehen willst, herauf. Dazu können gehören:

- Dein Aussehen.
- Deine Kleidung.
- Dein Bewegungsstil.
- Deine Leistung.
- Dein emotionaler Zustand, in dem du dich befindest.
- Dein mentaler Zustand, in dem du dich befindest.
- Den Ausgang deines Wettbewerbs.

Du hast über all das, was du in deinen Gedanken siehst, die Kontrolle und kannst Beginn und Ausgang davon selbst festlegen. Kreativ zu sein ist wichtig, da sich Dinge im richtigen Leben immer so entwickeln, wie wir es am wenigsten erwartet hätten. Wenn du dich aber mental und emotional auf die möglichen Ausgänge und Situationen vorbereitest, dann kannst du die Dinge während eines Wettkampfs leichter angehen. Höchstleistung ist ein Begriff, den man verwendet, wenn du am besten agierst. Es ist leichter Höchstleistungen zu erbringen, wenn du dich bereits mithilfe von Visualisierungen darauf vorbereitet hast.

## Warum visualisieren um dich zu motivieren?

Einige Menschen haben Probleme damit, unter Druck die richtige Motivation für sich zu finden, damit sie das tun, was sie tun sollen, statt von ihrer Umgebung oder den Zuschauern eingeschüchtert zu sein. Indem du dich selbst durch Visualisierungen motivierst, dir immer wieder sagst, dass du es besser kannst, und dich immer stärker antreibst (in Gedanken siehst du ja bereits, was du erreichen kannst), setzt du die Möglichkeiten deines Gehirns in Gang, um während eines Spiels die Angst, die Sorge, die Nervosität und den Druck zu überwinden.

## Was sind Ziel orientierte Visualisierungen?

Ziel orientierte Visualisierungen sind mentale Bilder oder Videos, die du in deinem Gehirn abrufst, wenn du dich auf ein bestimmtes Objekt fokussieren möchtest. Das können sein: der Sieg in einem Wettbewerb, deine Zeiteinteilung, deine täglichen Trainingseinheiten, die Erhöhung deiner Proteindosis in deinem Essen, der Kampf gegen die Müdigkeit (einige davon stellen Ergebnis orientierte Ziele, während andere Leistungs orientierte Ziele darstellen. Beide sind wichtig, wenn du deine Sitzung zur Visualisierung vorbereitest.)

Du trainierst deinen Körper, damit du am Ende die Resultate deiner harten Arbeit sehen kannst. Indem du Visualisierungen nutzt und damit die letzte und entscheidende Vorbereitung zu deinem Spiel triffst, vervollständigst du dein Training. Du musst deinen Geist und deinen Körper trainieren, damit du Höchstleistungen erbringen kannst. Ernährung und körperliche Fitness trainieren deinen Körper. Meditation, Atemübungen und Visualisierungen werden dein Gehirn trainieren. Die Kombination aus beidem verleiht dir einen großen Wettbewerbsvorteil und das ist es, was du willst.

# KAPITEL 8: MEDITATION FÜR MAXIMALLEISTUNGEN IM KRAFTSPORT

Eine Meditation zum Erreichen deines maximalen Potentials hängt von deiner Fähigkeit ab, dich auf einen Gedanken oder ein Problem so lange zu fokussieren, wie es nötig ist, um das Problem zu lösen oder das Gewünschte zu realisieren. Dies führt zu einem gesteigerten Selbstbewusstsein.

Wenn du meditierst und maximale Ergebnisse erreichen willst, musst du die folgenden Schritte zu jeder Zeit einhalten. Wenn du einen Schritt veränderst oder streichst, wirst du den Ausgang deiner Meditations-Sitzung verändern.

**Diese Schritte sind:**

1.: Finde einen ruhigen Ort, an dem du nicht gestört wirst.

2.: Leg eine Matte, ein Handtuch oder einen Stuhl dorthin, wo du meditieren willst.

3.: Achte darauf, dass du eine leichte Mahlzeit oder einen Snack ca. eine Stunde vor der Meditation zu dir nimmst.

4.: Wähle eine Position, in der du dich die ganze Sitzung über wohl fühlst. Diese kann sein; auf einem Stuhl sitzend, auf einer Matte liegend, Burmese- oder Schmetterlings-

Stellung, auf einer Matte kniend oder irgendeine andere zuvor erwähnte, bequeme Position.

5.: Beginne mit deinen Atemübungen. Wenn du dich beruhigen oder entspannen willst, solltest du mehr Luft ausatmen als einatmen (außer du trainierst die Aufmerksamkeit. Hier solltest du nicht deine Atmung kontrollieren, sondern einfach nur die in deine Lungen einströmende und anschließende in deine Umgebung entweichende Luft spüren). Atme zum Beispiel 4 Sekunden lang ein und atme dann 6 Sekunden lang aus. Wenn du auf der Suche nach einem Energieschub bist, weil du zu entspannt bist oder gerade erst aufgestanden bist, atme mehr Luft ein als du ausatmest. Atme zum Beispiel 5 Sekunden lang ein und 3 Sekunden aus. Denk daran, dass jede Atemübung mindestens 4 bis 6 Mal wiederholt werden muss, damit deine Atmung deinen Verstand beruhigt und du einen Zustand erreichst, in dem du sehr gut meditieren kannst. Bei allen Atemübungen atmest du durch die Nase ein und über den Mund aus, außer bei der Aufmerksamkeit. Hier atmest du durch die Nase ein und aus, da der Fokus dabei nicht auf der Atmung liegt.

6.: Wenn du deine Atemübungen in der Art und Weise beendet hast, wie sie im Kapitel zu den Atemübungen beschrieben ist, solltest du damit beginnen, dich auf etwas zu konzentrieren, das du besitzen, erreichen oder dir einfach nur vergegenwärtigen möchtest. Konzentrier dich so lange wie möglich darauf. Kürzere Sequenzen bescheren dir auch nur kurzfristige Ergebnisse, während längere Sequenzen dir dabei helfen, die Konzentration selbst nach der Meditation zu bewahren. Alle Sportler wissen, wenn es an der Zeit ist im Spiel anzutreten (insbesondere, wenn sie unter Druck stehen). Sie müssen fokussiert bleiben und dies für eine lange Zeit tun ohne dabei die Konzentration zu verlieren. Dann übertreffen sie ihre Leistung im Wettbewerb. **Das ist der Unterschied zwischen Siegern und dem Rest!**

7.: Deine Gedanken sollten nun zu einem lang oder kurz andauernden Videoclip springen, den du in deinen Gedanken erstellst. Dies hilft dir zuerst in Gedanken das zu erreichen, was du willst. Das Ziel besteht nun darin, diesen Gedanken auch im realen Leben zu verwirklichen. Sei so genau wie möglich und bleib während des ganzen Prozesses ruhig. Dieser siebte Schritt fügt die Visualisierung in den Prozess ein. Davon kannst du nur profitieren, aber es ist notwendig, dass du alles einfach hältst.

8.: Sportler verwenden Atemübungen um ihre Meditations-Sitzung so zu beenden, wie sie auch begonnen hat. Wenn du keinen Wettbewerb am selben Tag hast, kannst du langsame Atemmuster verwenden, wie sie im Folgenden erklärt sind:

**Normale, langsame Atemtechniken:** Beginne damit, Luft langsam durch die Nase einzuatmen und zähle bis 5. Lass dann die Luft entweichen, indem du von 5 an rückwärts bis 1 zählst. Du solltest diese Übung 4 bis 10 Mal wiederholen, bis du dich vollkommen entspannt fühlst und bereit bist, dich zu fokussieren. Sportler sollten bei dieser Atemtechnik darauf achten über die Nase einzuatmen und durch den Mund auszuatmen.

Wenn du noch am selben Tag einen Wettkampf hast, dann sollst du deinen Geist und Körper mit Energie betanken, indem du schnelle Atemübungen nutzt wie die folgende:

**Normale, schnelle Atemtechnik:** Beginne damit, Luft langsam durch die Nase einzuatmen und zähle bis 5. Lass dann die Luft entweichen, indem du von 3 an rückwärts bis 1 zählst. Du solltest diese Übung 6 bis 10 Mal wiederholen, bis du dich vollkommen entspannt fühlst und bereit bist, zu meditieren. Sportler sollten bei dieser Atemtechnik darauf achten, über die Nase einzuatmen und durch den Mund auszuatmen.

Sportler, die die Aufmerksamkeit trainieren, sollten die Sitzung beenden, wenn sie meditieren. Denn Ziel dieser Übung ist nicht, sich auf die Atmung zu konzentrieren, sondern die Gedanken zu beruhigen und sich auf einen Gedanken zu konzentrieren.

## Aufbau mentaler Stärke beim Krafttraining durch Meditation

ES FUNKTIONIERT NUR, WENN DU DENKST, DASS ES FUNKTIONIEREN WIRD! SEI ALSO GEDULDIG UND AUSDAUERND!

# KAPITEL 9: MEDITATION ZUR EMOTIONALEN STÄRKE

Die emotionale Last, die hinter jedem Wettkampf steckt, ist erdrückend, ermüdend und anstrengend. Dich darauf vorzubereiten, emotionalen Stress zu überwinden, ist sehr wichtig und notwendig, um mentale Hürden zu besiegen.

Einige Sportler laufen im Training zu Höchstformen auf, aber gehen im Wettbewerb aufgrund des emotionalen Stresses unter. Meditation kann dir dabei helfen, diesem Stress entgegenzuwirken. Einige schreien, beschweren sich, senken ihre Köpfe, zeigen ein geringes Selbstwertgefühl, verfügen über wenig Energie, weinen oder werden nervös. In stressigen Situationen sind diese Verhaltensweisen normal, aber dieses Problem lässt sich ganz leicht durch Meditation beheben. Im Folgenden werden wir uns einige Probleme und deren Lösungen, auf die du dich beim Meditieren fokussierst, näher anschauen.

**Warum fühle ich mich während des Wettbewerbs so unsicher?**

Unsicherheit hat viele Ursachen. Bei einigen liegt es an der mangelnden Vorbereitung, die dich nicht bereit für den Wettkampf erscheinen lässt. Dieses Problem lässt sich durch intensive Vorbereitung lösen. Trainier so viel du kannst, bist du dich bereit fühlst. Lass dich nicht unter

Druck setzen, an einem Wettbewerb teilzunehmen, wenn du noch nicht bereit dazu bist.

Bei anderen kommt die Unsicherheit davon, dass sie sich zu oft mit anderen vergleichen, anstatt sich auf die Ergebnisse zu konzentrieren. Lenke deine Aufmerksamkeit während dem Meditieren darauf, wie du dich im Training verbesserst und dich besser vorbereitest.

**Warum werde ich während eines Wettbewerbs wütend auf mich und andere?**

Wut ist eine weit verbreitet Reaktion unter vielen Sportlern, wenn sie unter Druck stehen und nicht wissen, was zu tun ist. Wut kann aber auch das Ergebnis von Frustration sein. Einige Menschen werden auf sich selbst wütend, andere auf den Wettbewerb, die Menschen um sie herum oder auf äußere Umstände, auf die sie keinen Einfluss haben.

Während der Meditation kannst du dieses Problem umgehen, indem du versuchst zu akzeptieren, dass es Dinge gibt, die sich deiner Kontrolle entziehen. Du kannst sie lediglich vorausahnen und einen alternativen Plan aufstellen, wenn sie eintreten sollten. Akzeptiere die Wetterbedingungen, Geräusche oder Verzögerungen, die auftreten können und abhängig von der Qualität deiner Vorbereitung verschiedene Konsequenzen haben können.

Es wird außerdem Umstände geben, in denen du die Kontrolle über die Situation behältst und es abwenden kannst, wütend zu werden.

Wenn es jemanden gibt, den du während eines Wettbewerbs nicht um dich haben möchtest, frag diese Person höflich, ob sie warten und später mit dir den Sieg feiern kann. Sie werden es verstehen, wenn sie dir wirklich das Beste wünschen. So sollte es sein.

Wenn du wütend bist, weil du bei einem Wettbewerb nicht das gibst, was du kannst, ist Meditation ein möglicher Ausweg. Dadurch dass du die Meditation nutzt, um ein Schritt-für-Schritt-Programm zu erstellen, kannst du Dinge besser planen. Das gibt dir die bestmögliche Chance an deinem wahren Potential zu kratzen.

**Warum hae ich so viel Angst während eines Wettbewerbs?**

Angst ist eines der Verbreitetsten Leiden, die unter Sportlern auftreten. Es ist eine menschliche Reaktion auf eine Bedrohung. Angst kann verschiedene Formen und Ausmaße annehmen. Einige Ängste sind in Ereignissen oder Dingen begründet, die nicht wirklich existieren, aber in deiner Vorstellung lebendig sind. Es handelt sich dabei um Dinge, die passieren können, aber womöglich niemals eintreten werden. Lass mich den letzten Teil des Satzes noch einmal wiederholen: „die passieren können, aber womöglich niemals eintreten werden".

Zukunftsangst ist reine Energieverschwendung und lässt dich emotional ausbluten. Die zukünftigen Ausgänge sind das Ergebnis der gegenwärtigen Planung und sauberen Vorbereitung. Wenn du dich auf Ergebnis orientierte Ziele konzentrierst und diese während eines Wettbewerbs erreichst, dann erreichst du auch die meiste Zeit diese Ergebnis orientierten Ziele.

Konzentrier dich zum Beispiel darauf, optimistisch und angepasst zu sein, egal in welcher Situation. Dies wird dir oftmals helfen, schwierige Hürden zu überwinden und am Ende ein zufrieden stellendes Ergebnis zu erzielen. In greifbare Nähe rücken diese Ergebnisse aufgrund der Tatsache, dass du nicht aufhörst, an dich zu glauben und nicht aufgibst.

Angst kann aber auch einer gegenwärtigen Bedrohung geschuldet sein. Dies kann von kleinem Ausmaß sein, aber weil du so oft daran denkst, bauschst du das Gefühl mehr und mehr auf, bis es zu einem riesigen Problem und zu einer riesigen Angst wird. Lass dies niemals geschehen, da du es deinem Verstand dadurch unmöglich machst, eine Situation wie diese zu überstehen. Wenn du einen Berg hinauf kletterst, dann betrachte ihn nicht als Mount

Everest, weil du dann aufgeben willst, ohne überhaupt begonnen zu haben.

Lass jedem Umstand und jedem Problem die Aufmerksamkeit zuteilwerden, die es verdient, aber nicht mehr. Meditiere, um dich auf eine Sache zu konzentrieren. Wenn du damit fertig bist, fokussiere auf etwas anderes. Du musst nicht hundert mögliche Ausgänge visualisieren, wenn es nur eine Chance von 1% gibt, dass diese überhaupt eintreten.

Wenn du meditierst, versuchst du dich selbst unter einem anderen Blickwinkel zu sehen. Nutze deinen Verstand um dich so zu sehen, wie du bist. Du könntest beispielsweise versuchen dich als selbstbewusste, furchtlose und aggressive Person wahrzunehmen.

Schenke anderen nicht mehr Aufmerksamkeit als sie verdienen und stell dein Licht nicht unter den Scheffel. Zu selbstbewusst zu sein ist besser als zu ängstlich und zu selbstsicher ist besser als zu selbstbewusst. Finde die richtige Balance. Bau dieses Bild in deinen Gedanken auf. Lebe anschließend Tag für Tag danach.

**Warum fühle ich mich unter Druck so nervös?**

Nervös zu sein hat auch etwas für sich: es kann einen positiven Effekt auf deine Gedanken und deinen Körper haben. Du fragst dich sicherlich, wie schwache Nerven gut sein können? Einige Menschen laufen zu Höchstformen auf und schlagen sich in einem Wettbewerb besser als üblich, wenn sie nervös sind. In fremden Situationen schüttet dein Körper mehr Adrenalin aus, so dass deine Sinne auf natürliche Weise geschärft werden und sich deine körperlichen Möglichkeiten erhöhen.

Nervös zu sein, kann aber auch den gegenteiligen Effekt haben: es last dich erstarren, wenn du eigentlich reagieren sollst. Das ist offensichtlich ein sehr großes Problem.

Durch Meditation verbessern sich oftmals deine Atemtechniken. Du lernst den Zustrom an Luft in denen Körper zu verbessern. Das ist eine sehr nützliche Fertigkeit, die eine große Auswirkung auf Nervosität und deine Gefühle im Allgemeinen hat.

Es gibt drei Dinge, die du unter Druck tun kannst:

1. Nimm einen tiefen Atemzug und verlangsame deinen Herzschlag. (Meditation kann diese Übung erleichtern und dich besser darauf vorbereiten, wenn du nervös bist).
2. Bleib aktiv (die gegenteilige Reaktion wäre still zu bleiben oder zu erstarren, was schlecht ist. Bleib aktiv und tu, was auch immer nötig ist, um dich zu beruhigen. Manche kauen Kaugummi oder Sonnenblumensamen, andere bewegen ihre Füße und hören Musik, während wieder andere sich vor

einem Wettkampf mit einem Buch oder Gesprächen mit anderen abzulenken versuchen. Es gibt viele Arten, um in Bewegung zu bleiben, aber du musst eine finden, die zu dir passt.)
3. Etwas Positives zu denken (Meditation wird oftmals genutzt, um die Gedanken zu ordnen und den Körper zu entspannen. Dies erlaubt dann das Gehirn sich auf produktive Gedanken zu konzentrieren, die auf jeden Fall positiv sein sollten. Nutze Meditation, um eine positivere Grundeinstellung zu erlangen, indem du während deiner Sitzungen positives Denken einübst.)

# KAPITEL 10: MEDITATION ZUR MENTALEN HÄRTE

**Was ist mentale Härte**

Mental hart zu sein kann sich in vielen Dingen zeigen, aber für Sportler bedeutet es, sich nicht stressen zu lassen und jede Herausforderung mit der Kraft deiner Gedanken anzunehmen.

**Ist mentale Härte wichtig?**

Ja, es ist sehr wichtig. Wenn du mehr und mehr erfahrener bist, wirst du bemerken, dass dein Körper dich nur bis an eine bestimmte Grenze bringt. Dein Geist ist dabei derjenige, der die Kontrolle über deine zu erwartenden Ergebnisse übernimmt. Eine mentale Härte erlaubt es dir, die Kontrolle über diese zukünftigen Ergebnisse erlangen und dich dank deiner Bemühungen beim Meditieren für mentale Härte an deine Grenzen zu treiben.

**Wie kann ich mentale Härte beim Kraftsport nutzen?**

Beim Kraftsport ist mentale Härte eine Fähigkeit, die sich über die Zeit hinweg entwickeln muss, aber man kann sich darauf verlassen, wenn es Zeit ist, seine Leistung offenzulegen. Mentale Härte kann auf viele Weisen genutzt werden. Sie hilft dir unter Druck ruhig zu bleiben. Sie kann deine Leistung verbessern. Sie kann aber auch dazu genutzt werden, den Wettkampf zu überstehen, wenn du denkst, dass dein Körper gleich kapituliert.

Drei Beispiele mentaler Härte, die du bei der Meditation entwickeln kannst und die dir beim Kraftsport hilfreich sein werden, könnten sein:

1. **Verwende das richtige, mentale Vokabular.**
   Die meisten von uns führen innere Dialoge mit sich selbst. Die Worte, die wir dabei benutzen, haben eine große Auswirkung auf unsere Taten. Deinem Körper zu sagen, dass er „nicht aufgeben soll", ist ein Beispiel für ein negatives, mentales Vokabular. Wenn du deinem Körper dagegen sagst, er solle „genauso weiter machen", verwendest du ein positives, mentales Vokabular. Im ersten Fall sucht dein Gehirn nach Schlüsselworten und findet das Wort „aufgeben", selbst wenn du es eigentlich dazu zwingen willst die Worte „nicht aufgeben" zu hören. So arbeitet nun einmal unser Gehirn. Im zweiten Beispiel hört das Gehirn das Wort „weitermachen" und setzt dies auch um. Kurze Sätze sind nicht immer die beste Lösung, sondern lediglich die Schlüsselwörter, die du verwendest. Vermeide es, Wörter zu nutzen, bei denen dein Gehirn Gefahr läuft, diese mit negativen Taten zu assoziieren. Das willst du ja vermeiden.

**2. Lege ein selbstbewusstes Auftreten an den Tag.**

Indem du dich zwingst gerade zu stehen, deine Hände zu lockern, deinem Gesicht einen entspannten und selbstsicheren Ausdruck zu verleihen und deinem Gegner zu zeigen, dass du für alles, was kommen mag, bereit bist, änderst du auch die Art und Weise, wie dein Verstand Konfliktsituationen angeht sowie dein möglichen Ergebnisse, die du erzielen kannst. Dies geschieht in 10 von 10 Fällen. Lege ein selbstbewusstes Auftreten an den Tag und dein Gehirn wird lediglich positive Gedanken erzeugen, welche zufrieden stellende Taten folgen lassen.

**3. Sehe deine Taten vorher.**

Wenn du dich von deinem Instinkt leiten lässt, statt eine Idee dafür zu haben, wie du Dinge am besten anpackst, sind zwei völlig verschieden Ansätze für eine Gegebenheit. Manchmal führt der eine Ansatz eher zum Erfolg als der andere. Deine Handlungen vorauszusehen, bevor sie überhaupt stattfinden, ist ähnlich dem Gebrauch von Visualisierungen. Der Unterscheid besteht darin, dass du ein kleines, mentales Bild von dem erzeugst, was du tun willst, kurz bevor du es tun willst. SOFORTIGES BILD, SOFORTIGE HANDLUNG. Schließe deine Augen für 1,2 oder 3 Sekunden. Wenn die Zeit es zulässt, schließe sie für einige Sekunden länger und stell dir vor, wie du die Handlung ausführst. Öffne dann deine Augen und führe diese Handlung sofort aus. Du wirst feststellen, dass deine Handlungen viel präziser sind als jemals zuvor.

Wenn du für mentale Härte meditierst, dann denk daran, dass du die Fertigkeit trainierst, die oben bereits beschrieben wurde. Dadurch kannst du davon in mentalen, schweren Situationen profitieren und alle Herausforderungen bestehen, mit denen andere ihre Probleme haben.

# KAPITEL 11: MEDITATION ZUR PROBLEMLÖSUNG

## Was bedeutet es zur Problemlösung zu meditieren?

Wenn du ein Problem hast, auf das dein Gehirn eine Lösung hat, dein Gehirn aber zu beschäftigt ist, weil du eine Millionen Dinge denkst und gerade 10 davon bewusst oder unbewusst ausführst, dann wird es unmöglich sein. Indem du deine Gedanken durch Meditation ordnest und deine Gefühle beruhigst sowie verschiedene Atemtechniken erlernst, wird es leichter für dich sein, dich auf ein einziges Problem zu konzentrieren. Dann wirst du verschiedene Alternativen oder mögliche Lösungen aufstellen können, um das Problem zu beheben.

Dazu eignet sich Meditation sehr gut. Sie bricht Dinge herunter auf eine einfache Idee oder einen einfachen Gedanken und konzentriert sich darauf. Diese Gedanken können lediglich positive Gedanken oder Ideen sein oder aber es sind Probleme, für die du eine Lösung finden musst.

Wenn du dir Zeit zum Meditieren lässt, nimmst du dir gleichzeitig auch die Zeit, um ein Problem zu lösen, das du hast. Ansonsten hättest du vermutlich gar keine Zeit, um dieses Problem zu beheben.

Das ist ein weiteres, positives Resultat der Meditation, das die meisten Sportler gar nicht berücksichtigen. Sie übersehen, dass sie Möglichkeiten haben, um nach Alternativen zu lebenslangen Fehlern zu suchen, die sie nie wieder rückgängig machen können. Und das alles nur, weil sie nicht meditieren.

**Welche Probleme kann ich beim Meditieren lösen?**

Jedes Problem, das du hast, kann von deinem Verstand analysiert werden und manchmal wirst du direkt eine Lösung finden. Ein anderes Mal wird es vielleicht länger dauern oder sogar nie eintreten. Das Gehirn ist dazu in der Lage da zu finden, was du suchst, wenn du dir die Zeit nimmst, dich darauf zu fokussieren. Das wahre Problem besteht darin, dass man sich viel zu oft keine Zeit dafür nimmt, um sich verschiedenen Lösungsstrategien zu widmen und ihnen damit nicht die Aufmerksamkeit zuteilwerden lässt, die sie verdienen. .

**Warum ist es wichtig zur Problemlösung zu meditieren?**

Als Sportler wirst du permanent herausgefordert und gefordert, was wiederum bedeutet, dass du konstant neuen Problemen gegenüber stehst, die du in jeder Sekunde, Minute oder in jedem Moment lösen musst. Wenn du dich nicht darauf vorbereitest, diese neuen Herausforderungen zu bestehen, verlässt du dich einzig und allein auf dein Glück statt auf deine mentalen Fähigkeiten ein Problem zu lösen. Das sollte niemals der Fall sein. Denk dran: „Das Glück kommt zu denen, die vorbereitet sind". Sei also vorbereitet, damit du glücklich wirst,

Du solltest fünf Dinge berücksichtigen, wenn du Probleme löst:

1. Überanalysiere ein Problem nicht, damit es nicht zu einem größeren Problem wird als es eigentlich ist.
2. Erlaube es deinem Verstand immer, es noch einmal zu probieren, wenn du beim Meditieren nicht direkt zu einer Lösung kommst. Du wirst womöglich eine Lösung für das gleiche Problem beim zweiten oder dritten Versuch finden.
3. Für jedes Problem gibt es eine Lösung. Meditation wird dir helfen, nach einer Lösung für das Problem zu suchen, aber denk dran, dass du dafür eventuell auch den Rat einer anderen Person brauchst. Sei also immer so vernünftig, den Rat anderer anzunehmen oder dir Hilfe von außen zu suchen.
4. Nicht alle Probleme müssen gelöst werden. Wenn etwas so nichtig ist, dass es deine Aufmerksamkeit nicht wert ist, dann überspring es und gehe über zu den wichtigen Dingen, die einen größeren Einfluss auf deine Ergebnisse haben werden.
5. Meditation wird dir helfen, viele Probleme zu lösen, aber manchmal geht Visualisierung noch einen Schritt weiter. Das ist oftmals notwendig, wenn du

mentale Bilder und Videos davon sehen musst, was just in diesem Moment passiert.

Denk dran: beim meditieren eine Lösung für ein problem zu finden, ist ein großer Nutzen der Meditation, aber nicht der einzige. Nutze deine Zeit beim Meditieren sinnvoll, so dass du das Beste daraus machst. Dein Verstand räumt dir nämlich nur eine bestimmte Zeitspanne höchster Konzentration ein, der Rest der Zeit wird nicht mehr ganz so produktiv. Das ist der Zeitpunkt, der dir deutlich macht, dass du fertig bist und die Sitzung beenden kannst.

## ABSCHLIEßENDE BEMERKUNGEN

Meditation ist der finale Zustand der Evolution für Sportler. Körperliches Training wird auch weiterhin die Norm sein und neuere und bessere Übungen werden immer weiterentwickelt, aber die Evolution des Geistes wird eine große und tief greifende Veränderung in den nächsten Jahren darstellen. Mental trainierte Sportler sind die Zukunft und du kannst entweder der Erste oder der Letze sein, der dazu gehört. Es liegt bei dir. Du entscheidest! Probier es aus und spüre die lebensverändernden Auswirkungen, die Meditation auf dich haben werden.

# ANDERE WERKE DES AUTORS

The Ultimate Guide to Weight Training Nutrition: Maximize Your Potential

By Joseph Correa

Becoming Mentally Tougher In Bodybuilding by Using Meditation: Reach Your Potential by Controlling Your Inner Thoughts

By Joseph Correa

www.ingramcontent.com/pod-product-compliance
Lightning Source LLC
Chambersburg PA
CBHW070146080526
44586CB00015B/1868